HISTOIRE GÉOGRAPHIE SCIENCES EMC

CM2

PRÉNOM :

@La Trousse de Sobelle

Copyright © 2022
Tout droits réservés

SOMMAIRE

HISTOIRE

1	La Révolution française
2	Napoléon Bonaparte
3	De la Restauration à la 3ème République
4	Un siècle d'innovations
5	La première guerre mondiale
6	De 1919 à 1945

GÉOGRAPHIE

1	Les lignes imaginaires
2	Les zones climatiques
3	La population mondiale
4	Les grandes villes du monde
5	Se déplacer en France

SCIENCES

1	La diversité de la matière
2	Mélanges et solutions
3	De l'eau pour les plantes
4	La digestion
5	Le squelette
6	Ecologie : la protection des forêts
7	Les énergies en France

EMC

1	Les règles de vie
2	Les symboles de la République
3	Le 11 novembre
4	La tolérance
5	La sécurité à l'école
6	La politesse

HISTOIRE

H1 La Révolution française
La fin du 18ème siècle

1 L'année 1789

À la fin du 18ème siècle, les injustices de libertés et surtout les inégalités provoquent le mécontentement des Français. Les idées des philosophes sur le gouvernement déclenchent la Révolution.

* **LE 5 MAI** : Le roi Louis XVI réunit les <u>Etats Généraux</u>, c'est-à-dire les représentants des trois ordres : la noblesse, le clergé (les gens d'église) et le Tiers Etat (le peuple). Ces représentants remettent au peuple des cahiers de doléances qui rassemblent les plaintes, les réclamations et les vœux de chaque ordre. La noblesse défend ses privilèges ; les bourgeois qui font partie du Tiers Etat réclament une constitution écrite ; les paysans revendiquent la suppression des droits seigneuriaux.

* **20 JUIN** : Les représentants se retrouvent dans la salle du <u>jeu de Paume</u> à Versailles et font le <u>serment</u> de pas se séparer avant d'avoir donné une constitution à la France.

* **LE 14 JUILLET** : Louis XVI regroupe des armées autour de Paris. Inquiets, les Parisiens prennent d'<u>assaut la prison de la Bastille</u>, symbole du pouvoir royal (doc 1). La Révolution commence et s'étend bientôt à toute la France.

* **DANS LE NUIT DU 4 AOÛT** : Les députés de la noblesse et du clergé prennent peur et acceptent l'abolition des <u>privilèges</u>.

* **LE 26 AOÛT** : L'assemblée constituante vote la <u>déclaration des droits de l'homme et du citoyen</u> : c'est la fin de l'Ancien Régime.

* **LES 5 ET 6 OCTOBRE** : Les Parisiens manquent de vivres et craignent de perdre leurs nouvelles libertés. Ils vont chercher <u>la famille royale</u> à Versailles et l'oblige à s'installer à Paris, dans le palais des <u>Tuileries</u>.

Doc 1 : La prise de la Bastille

1 Retrouve les dates correspondant à ces événements

1) La prise de la Bastille : _____
2) La déclaration des droits de l'homme et du citoyen : _____
3) Réunion des Etats Généraux : _____
4) Déplacement de la famille royale aux Tuileries : _____
5) Abolition des privilèges : _____
6) Serment du jeu de Paume : _____

H1 La Révolution française
La fin du 18ème siècle

Extrait de la déclaration des droits de l'homme et du citoyen

Article premier :
Les hommes naissent et demeurent libres et égaux en droits. {…}

Article 2 :
Le but de toute association politique est la conservation des droits naturels et imprescriptibles de l'homme. Ces droits sont la liberté, la propriété, la sûreté et la résistance à l'oppression.

Article 4 :
La liberté consiste à pouvoir faire tout ce qui ne nuit pas à autrui : ainsi, l'exercice des droits naturels de chaque homme n'a de bornes que celles qui assurent aux autres membres de la société la jouissance de ces mêmes droits. Ces bornes ne peuvent être déterminées que par la loi.

Article 5 :
La loi n'a le droit de défendre que les actions nuisibles à la société. Tout ce qui n'est pas défendu par la loi ne peut être empêché, et nul ne peut être contraint à faire ce qu'elle n'ordonne pas.

Doc 2 : La déclaration des droits de l'homme et du citoyen

2 Vrai ou faux ?

1. Dès leur naissance, tous les hommes sont égaux	
2. La sûreté et la propriété sont des droits naturels.	
3. La liberté permet tout, même de nuire à autrui.	
4. Toutes les opinions religieuses sont autorisées.	
5. Tout français peut écrire librement dans un journal.	
6. Le gouvernement peut opprimer le peuple.	
7. On ne peut pas obliger quelqu'un à faire une chose qui n'est pas dans la loi.	

Doc 3 : Cette caricature représente les trois ordres et les souffrances du paysan avant la Révolution.

3 Réponds aux questions (doc 3)

1) Qui sont ces trois personnages ?

* Celui qui porte les deux autres : _____

* Le 1er sur le dos : _____

* Le 2ème sur le dos (avec le chapeau) _____

2) Que veut faire comprendre cette caricature ? _____
_____

H1 La Révolution française
La fin du 18ème siècle

2 Le temps des assemblées

L'ASSEMBLÉE CONSTITUANTE
(JUILLET 1789 - SEPTEMBRE 1791)

Composée de représentants du Tiers Etat, elle a aboli les privilèges et a voté la déclaration des droits de l'homme. Elle prépare une constitution adoptée en 1791 :
* Le roi ne gouverne plus seul et doit prêter serment au pays.
* Le pouvoir est partagé en trois : l'Assemblée nationale vote les lois, le roi et les ministres les exécutent et peuvent s'y opposer, les juges rendent la justice.
* Les députés, les juges et les fonctionnaires sont désormais élus.
* Tous les Français paient des impôts.

Elle organise la France en 83 départements, eux-mêmes divisés en districts, en cantons et en communes.
Les terres du Clergé sont confisquées. Les prêtres sont élus et payés par l'Etat.
Louis XVI tente de fuir à l'étranger mais il est arrêté à Varennes le 21 juin 1791 et ramené à Paris.

Doc 4 : La fuite du roi

L'ASSEMBLÉE LÉGISLATIVE
(OCTOBRE 1791 - SEPT 1792)

Elle doit voter les lois pour compléter l'œuvre de la constituante, mais le roi refuse les décisions de l'Assemblée. Les difficultés s'accumulent.
La situation économique est mauvaise et en 1792, la France déclare la guerre à l'Autriche qui soutient Louis XVI. La misère du peuple s'accroît. Le désordre et la violence se développent. Le 10 août 1792, les Parisiens prennent d'assaut le palais des Tuileries. L'Assemblée vote la déchéance du roi. Il est enfermé dans la prison du Temple.

Doc 5 : l'assaut du palais des Tuileries

4 Indique quand ces événements se sont passés :
--> durant l'Assemblée Constituante (AC) ou l'Assemblée Législative (AL)

a) Création de 83 départements. _____
b) L'assaut des Tuileries. _____
c) Déclaration de guerre à l'Autriche. _____
d) La misère du peuple augmente. _____
e) Les terres du clergé sont confisquées. _____
f) Le roi fuit et est arrêté à Varennes. _____
g) Une constitution est adoptée. _____
h) Le roi est enfermé dans la prison du Temple. _____

5 Indique de quelle assemblée il s'agit.

• Elle siège du 9 juillet 1789 au 30 septembre 1791 : _____

• Elle siège du 1er octobre 1791 au 21 septembre 1792 : _____

H1 La Révolution française
La fin du 18ème siècle

3. La 1ère République

LA CONVENTION :

Le 21 septembre 1792, la nouvelle assemblée, la Convention abolit la monarchie et proclame la République.
Mais les députés de la Convention sont divisés. Certains sont modérés et veulent ralentir les réformes : on les appelle les Girondins. D'autres au contraire, comme Danton, Marat ou Robespierre, veulent aller plus loin et réclament la mort du Roi : ce sont les Montagnards. Le 21 janvier 1793, Louis XVI est guillotiné. Des révoltes éclatent dans plusieurs régions, surtout en Vendée. Après de terribles combats et une répression sévère, la situation est rétablie.

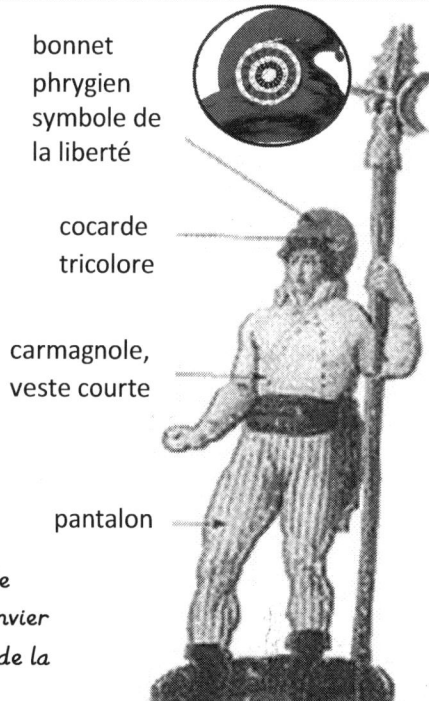

- bonnet phrygien symbole de la liberté
- cocarde tricolore
- carmagnole, veste courte
- pantalon

Doc 4 : un sans culotte

Doc 5 : La mort de Louis XVI, le 21 janvier 1793 sur la place de la Concorde

6. Ecris le nom qui convient après chaque phrase

1) Il est guillotiné le 21 janvier 1793 : _____
2) Il dirige les Montagnards : _____
3) Ils veulent la mort de Louis XVI : _____
4) Ils sont modérés : _____

LA TERREUR :

En 1793, les Montagnards prennent le pouvoir. Sous la conduite de Robespierre, ils mirent fin aux insurrections, supprimèrent des libertés et firent exécuter des milliers de personnes. Cette période sanglante marquée par d'extrêmes violences est appelée la Terreur. Un jeune général, Bonaparte, remporte de grandes victoires comme celle de Fleurus (Belgique) le 26 juin 1794 et sauvent le pays de l'invasion. La Terreur s'achève le 28 juillet 1794, lorsque Robespierre et ses amis sont jugés et guillotinés.

L'ŒUVRE DE LA CONVENTION :

La Convention vend aux paysans les anciennes terres du clergé. Elle vote les lois sur l'enseignement et fonde de grandes écoles. Le système métrique remplace les anciennes mesures qui étaient différentes d'une région à l'autre. Le 26 octobre 1795, la Convention se dissout. Une nouvelle constitution donne le pouvoir exécutif à un Directoire composé de 5 personnes.

7. Vrai ou faux ?

La convention fonde de grandes écoles. _____

Elle vend les biens des paysans. _____

Elle met en place le système métrique. _____

Elle possède le pouvoir exécutif. _____

H1 La Révolution française
La fin du 18ème siècle

8 Trouve le mot correspondant aux définitions

C'est le nom du bonnet que portaient les révolutionnaires : _____

Il remporte des victoires à l'étranger : _____

Place où fut guillotiné Louis XVI : _____

Période pendant laquelle Robespierre a pris le pouvoir : _____

9 Réponds aux questions

1) Que fait le général Bonaparte le 9 et 10 novembre 1799 ? _____
_____

2) Pourquoi est-il soutenu par le peuple ?
_____
_____

> Les membres du Directoire étant incapables de maintenir l'ordre, ils laissent de plus en plus de pouvoir aux chefs militaires. Le 9 et 10 novembre 1799, le très ambitieux Général Bonaparte profite de la faiblesse du gouvernement du Directoire : il prend le pouvoir par un coup d'Etat militaire. Il s'impose de manière autoritaire mais il rétablit l'ordre et obtient le soutien des Français. Le temps de la Révolution s'achève.

Des citoyens malheureux

Beaucoup de citoyens souffrent dans les privations. Ils sont réduits à un excès de misère qui saisit le cœur. Il leur manque jusqu'aux vêtements, jusqu'aux aliments. Exténués par la faim et à demi nus, ils passent leur journée à chercher quelques racines. A côté de ces malheureux on voit des riches qui dorment sur le duvet... qui dévorent en un repas la subsistance de cent familles. Ce sont eux qui commandent aux autres et que l'or a rendu maîtres des destinées du peuple.

In l'ami du peuple, Journal révolutionnaire, juillet 1792

10 Lis le texte et réponds aux questions

De quoi souffrent les pauvres citoyens ?
_____
_____

Quelles accusations sont portées contre les riches, dans la deuxième partie du texte ?
_____
_____
_____

11 Retrouve la date de chaque événement écris la lettre correspondant sur la ligne du temps.

Victoire de Fleurus (Belgique) : date _____ lettre : ____

Exécution de Louis XVI : date _____ lettre : ____

Proclamation de la République : date _____ lettre : ____

Fin de la Convention et début du Directoire : date _____ lettre : ____

Exécution de Robespierre et de ses amis : : date _____ lettre : ____

1792 | 1793 | 1794 | 1795 | 1796

Assemblée législative | Convention | Directoire

a b   c d   e

H1 La Révolution française — *la fin du 18ème siècle*

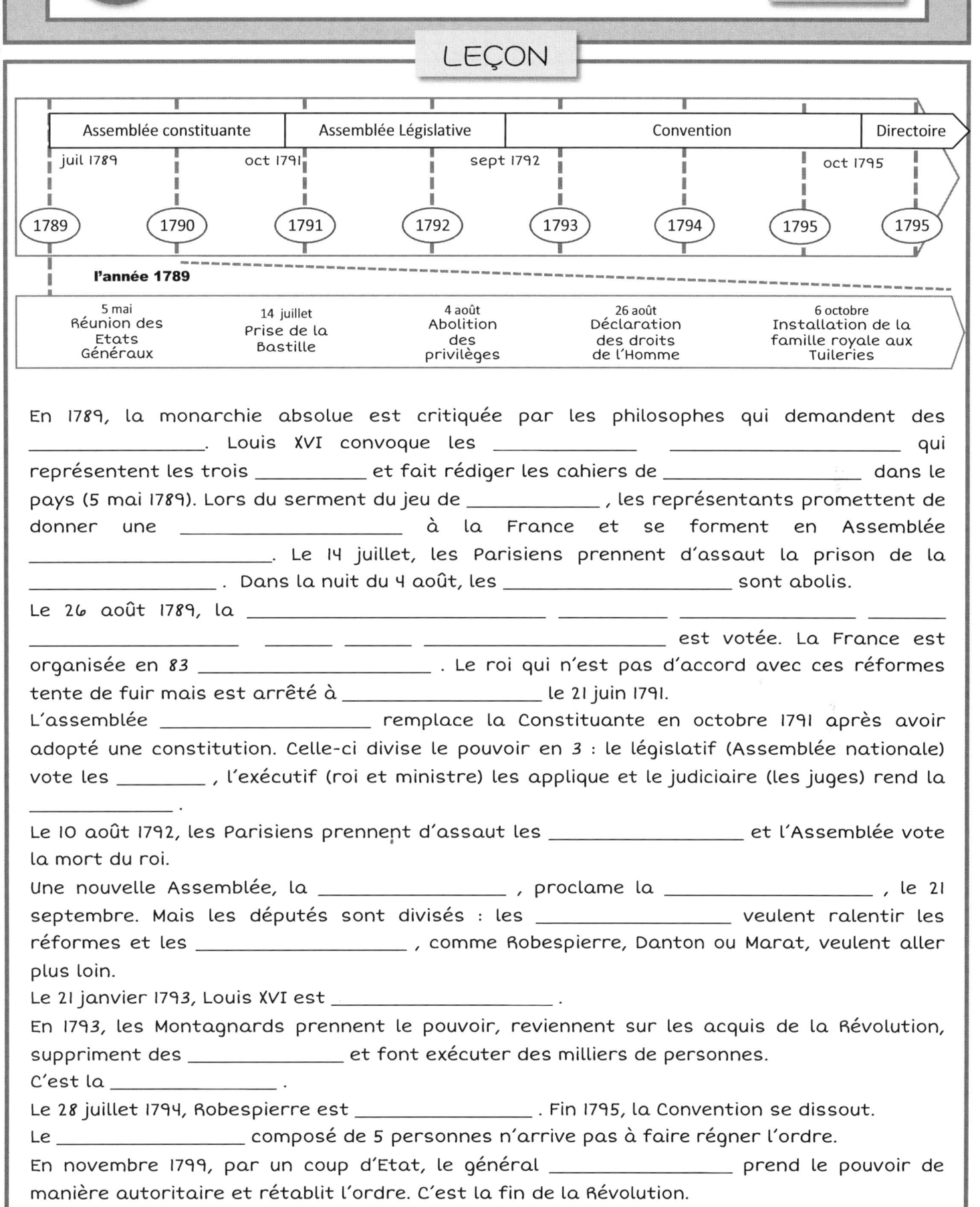

LEÇON

Assemblée constituante	Assemblée Législative	Convention	Directoire
juil 1789	oct 1791	sept 1792	oct 1795

1789 — 1790 — 1791 — 1792 — 1793 — 1794 — 1795 — 1795

l'année 1789

- 5 mai : Réunion des Etats Généraux
- 14 juillet : Prise de la Bastille
- 4 août : Abolition des privilèges
- 26 août : Déclaration des droits de l'Homme
- 6 octobre : Installation de la famille royale aux Tuileries

En 1789, la monarchie absolue est critiquée par les philosophes qui demandent des _____. Louis XVI convoque les _____ _____ qui représentent les trois _____ et fait rédiger les cahiers de _____ dans le pays (5 mai 1789). Lors du serment du jeu de _____, les représentants promettent de donner une _____ à la France et se forment en Assemblée _____. Le 14 juillet, les Parisiens prennent d'assaut la prison de la _____. Dans la nuit du 4 août, les _____ sont abolis.

Le 26 août 1789, la _____ _____ _____ _____ _____ _____ ____ _____ est votée. La France est organisée en 83 _____. Le roi qui n'est pas d'accord avec ces réformes tente de fuir mais est arrêté à _____ le 21 juin 1791.

L'assemblée _____ remplace la Constituante en octobre 1791 après avoir adopté une constitution. Celle-ci divise le pouvoir en 3 : le législatif (Assemblée nationale) vote les _____, l'exécutif (roi et ministre) les applique et le judiciaire (les juges) rend la _____.

Le 10 août 1792, les Parisiens prennent d'assaut les _____ et l'Assemblée vote la mort du roi.

Une nouvelle Assemblée, la _____, proclame la _____, le 21 septembre. Mais les députés sont divisés : les _____ veulent ralentir les réformes et les _____, comme Robespierre, Danton ou Marat, veulent aller plus loin.

Le 21 janvier 1793, Louis XVI est _____.

En 1793, les Montagnards prennent le pouvoir, reviennent sur les acquis de la Révolution, suppriment des _____ et font exécuter des milliers de personnes. C'est la _____.

Le 28 juillet 1794, Robespierre est _____. Fin 1795, la Convention se dissout. Le _____ composé de 5 personnes n'arrive pas à faire régner l'ordre.

En novembre 1799, par un coup d'Etat, le général _____ prend le pouvoir de manière autoritaire et rétablit l'ordre. C'est la fin de la Révolution.

H2 — Napoléon Bonaparte

Le 19ème siècle

1 Bonaparte, premier consul

Né en Corse en 1769, le général Napoléon Bonaparte remporte de brillantes victoires militaires. Après son coup d'état en 1799, le pouvoir est confié à trois consuls : c'est le consulat. Mais Bonaparte, premier consul prend seul toutes les décisions importantes.

Il ouvre des lycées pour former les fonctionnaires et des officiers. Il rétablit la paix avec le pape en signant le Concordat en 1801. Il fait rédiger le code civil en 1804 (c'est un recueil de lois).
Il crée une nouvelle monnaie : le franc-or.
Il nomme des préfets dans chaque département, chargés de faire exécuter ses ordres.

Le 2 décembre 1804 il se fait sacrer Empereur sous le nom de Napoléon Ier en présence du pape à Notre-Dame de Paris.

Doc 1 : Une assemblée en présence des trois consuls.

1 Entoure la ou les bonnes réponses

1) Bonaparte est :   * basque   * corse   * catalan
2) En 1799, il devient :   * ministre   * Premier consul   * Pape
3) En 1804, il se fait sacrer :   * roi   * président   * empereur

2 Réponds aux questions

1) Quel recueil de lois Bonaparte fait-il publier ? _____
2) Avec qui et quand signe-t-il le Concordat ? _____
3) A quoi servent les préfets ? _____
4) De quelle manière gouverne-t-il ? _____

Doc 2 : Le sacre de Napoléon Ier

Pour que son sacre soit aussi imposant que celui de Charlemagne en l'an 800, il a demandé au pape de venir. Mais comme il considérait que son autorité lui venait des Français, non de Dieu, il a lui-même posé la couronne sur sa tête, puis s'est retourné pour sacrer sa femme Joséphine, impératrice. Le sacre de Napoléon est caractéristique de l'ambiguïté des Français : ils voulaient la liberté et l'égalité acquises sous la Révolution et le retour à l'ordre voire l'autorité d'un souverain.

H2 — Napoléon Bonaparte
Le 19ème siècle

2 Le premier Empire

Napoléon met fin aux insurrections et rétablit l'ordre dans le pays. Dans l'esprit de la Révolution il favorise l'égalité entre les citoyens, mais comme aux temps de la monarchie absolue, il se met à gouverner seul et de manière autoritaire. Il renforce la police, contrôle les journaux, supprime les libertés et rétablit les privilèges pour ses proches.

Il a continué les guerres en Europe car il voulait la dominer. Il a remporté de grandes victoires comme Austerlitz, Friedland, Wagram, Iéna). Mais il s'est attiré l'hostilité des pays conquis.

A partir de 1812, l'armée de Napoléon a connu des défaites humiliantes et toute l'Europe s'est liguée contre la France. Dans le même temps, il a perdu sa popularité car les Français se sont lassées des guerres incessantes et de son autorité.

Après une défaite à Trafalgar, Napoléon et son armée ont subi une écrasante défaite à Waterloo, en 1815. Il doit abdiquer et il est exilé sur l'île de Sainte-Hélène où il meurt en 1821. Ses cendres, ramenées à Paris en 1840, reposent aujourd'hui dans un tombeau aux Invalides à Paris. Après son exil, le pouvoir est revenu au frère de Louis XVI, Louis XVIII qui a restauré la monarchie.

Légende :
- France à l'arrivée de Napoléon
- Territoires conquis par Napoléon

Doc 3 : Les Guerres de Napoléon

3 Sur la carte ci-contre :
Entoure en rouge le nom des villes qui sont des victoires pour Napoléon et en bleu celles qui sont des défaites.

4 Note dans ce tableau les actes positifs et négatifs de Napoléon (1er §)

Points positifs

Points négatifs

5 Vrai ou faux ?

A partir de 1812, toute l'Europe se retourne contre Napoléon.	
Mais il garde la confiance des Français.	
Après la défaite de Waterloo, Napoléon doit abdiquer et il est exilé en Corse.	
Il meurt en 1840.	
Ses cendres sont encore aujourd'hui à Paris aux Invalides.	

H2 — Napoléon Bonaparte
Le 19ème siècle

LEÇON

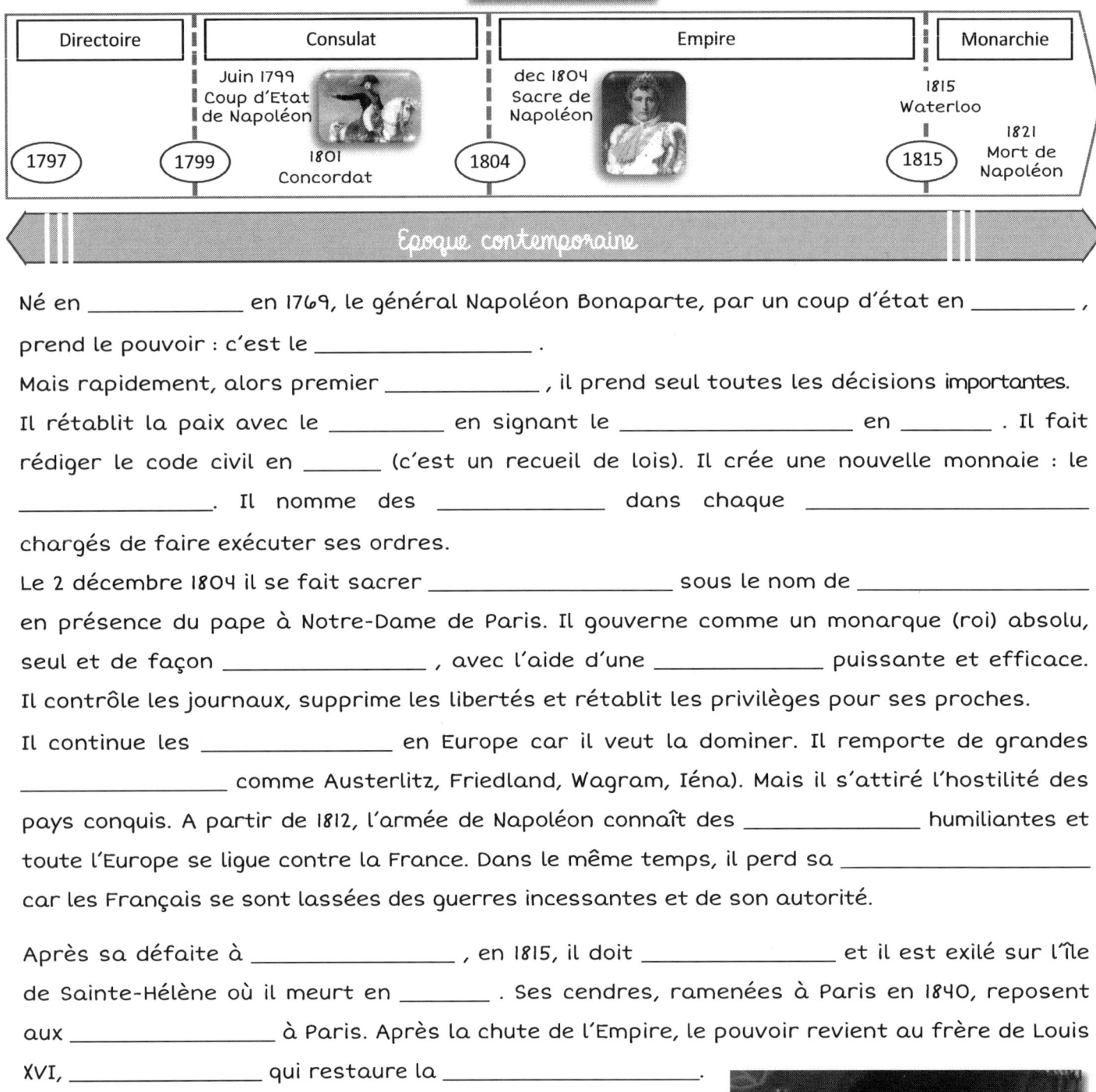

| Directoire | Consulat | Empire | Monarchie |

- 1797
- 1799 — Juin 1799 Coup d'État de Napoléon — 1801 Concordat
- 1804 — dec 1804 Sacre de Napoléon
- 1815 — 1815 Waterloo — 1821 Mort de Napoléon

Époque contemporaine

Né en _____ en 1769, le général Napoléon Bonaparte, par un coup d'état en _____, prend le pouvoir : c'est le _____ .

Mais rapidement, alors premier _____, il prend seul toutes les décisions importantes. Il rétablit la paix avec le _____ en signant le _____ en _____ . Il fait rédiger le code civil en _____ (c'est un recueil de lois). Il crée une nouvelle monnaie : le _____. Il nomme des _____ dans chaque _____ chargés de faire exécuter ses ordres.

Le 2 décembre 1804 il se fait sacrer _____ sous le nom de _____ en présence du pape à Notre-Dame de Paris. Il gouverne comme un monarque (roi) absolu, seul et de façon _____ , avec l'aide d'une _____ puissante et efficace. Il contrôle les journaux, supprime les libertés et rétablit les privilèges pour ses proches.

Il continue les _____ en Europe car il veut la dominer. Il remporte de grandes _____ comme Austerlitz, Friedland, Wagram, Iéna). Mais il s'attire l'hostilité des pays conquis. A partir de 1812, l'armée de Napoléon connaît des _____ humiliantes et toute l'Europe se ligue contre la France. Dans le même temps, il perd sa _____ car les Français se sont lassées des guerres incessantes et de son autorité.

Après sa défaite à _____ , en 1815, il doit _____ et il est exilé sur l'île de Sainte-Hélène où il meurt en _____ . Ses cendres, ramenées à Paris en 1840, reposent aux _____ à Paris. Après la chute de l'Empire, le pouvoir revient au frère de Louis XVI, _____ qui restaure la _____.

H3 — De la Restauration à la 3ème République

Le 19ème siècle

1 Le retour de la Monarchie (1814-1848)

De 1815 à 1848, la France est à nouveau gouvernée par des rois :
* sous Louis XVIII (1814 à 1824) et sous Charles X (1824 à 1830), c'est la Restauration.
* enfin Louis-Philippe (1830 à 1848) c'est la monarchie de Juillet.

Le pouvoir de ces rois n'est plus absolu car des députés sont élus par un petit nombre de citoyens aisés pour voter les lois et le budget. On parle de monarchie constitutionnelle, car elle obéit à une nouvelle constitution, la Charte.

Les Français veulent davantage de libertés et ne sont pas satisfaits de la Monarchie.
Ils font deux révolutions :
* celle de 1830 (les Trois Glorieuses qui dure trois jours) conduit Charles X à abdiquer
* celle de 1848 provoque l'abdication de Louis Philippe et la chute du régime.

1 Réponds aux questions

1) Combien de rois se sont succédé pour ce retour de la monarchie ? _____

2) Comment s'appelle la nouvelle constitution ?
_____

3) Comment s'appelle la révolution qui a fait abdiquer Charles X ?
_____

Pourquoi s'appelle-t-elle ainsi ?
_____
_____

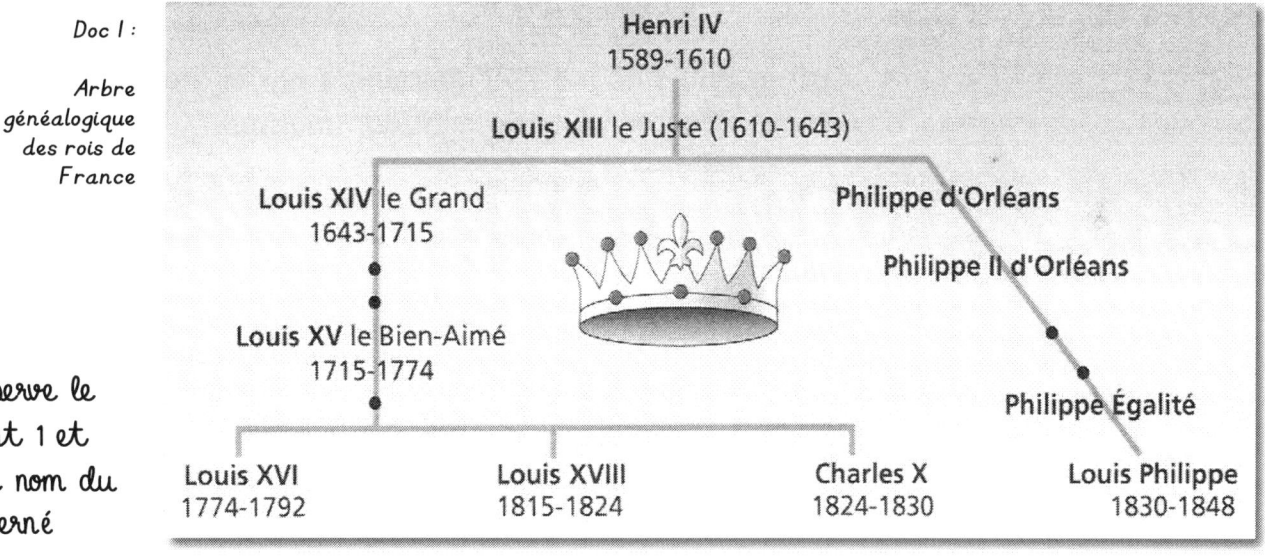

Doc 1 : Arbre généalogique des rois de France

Henri IV 1589-1610
Louis XIII le Juste (1610-1643)
Louis XIV le Grand 1643-1715
Philippe d'Orléans
Philippe II d'Orléans
Louis XV le Bien-Aimé 1715-1774
Philippe Égalité
Louis XVI 1774-1792
Louis XVIII 1815-1824
Charles X 1824-1830
Louis Philippe 1830-1848

2 Observe le document 1 et écris le nom du roi concerné

1) Il est le premier roi après Louis XVI : _____
2) Ils sont les frères de Louis XVI : _____
3) Il est le cousin de Louis XVI : _____
4) Il a été roi après Louis XIII : _____

	1815	1824	1830	1848
Empire	Règne de Louis XVIII	Règne de Charles X	Règne de Louis-Philippe	Seconde République

H3 — De la Restauration à la 3ème République

Le 19ème siècle

2. La 2ème République (1848-1852)

La IIème République est proclamée en février 1848. Le suffrage universel masculin est établi et l'esclavage est aboli dans les colonies le 27 avril 1848. Le président de la République est Louis Napoléon Bonaparte, le neveu de Napoléon Ier élu en décembre 1848.

Doc 2 : La proclamation de la 2ème République.

En 1848, comme on l'avait fait en 1792, on plante partout des arbres de la liberté pour célébrer la République retrouvée. On voit ici le poète Victor Hugo participer à la plantation d'un arbre de la liberté à Paris

3. Complète avec les mots suivants :

bicentenaire * liberté * 1848 * 1792 * République * 1989

En _____ on avait planté des arbres de la _____ .

En _____ on en replante partout pour célébrer la _____ retrouvée.

En _____ , on a planté des arbres pour célébrer le _____ de la Révolution

3. Le second Empire (1852-1870)

En décembre 1851, Louis Napoléon Bonaparte renverse la République par un coup d'Etat le 2 décembre 1851. Il proclame l'Empire et prend le nom de Napoléon III, un an plus tard, le 2 décembre 1852. Sous son règne, la France connaît un grand développement économique. Des grandes banques sont créées ; les grandes villes sont modernisées et agrandies grâce au percement de nouvelles rues et boulevards, à la construction de gares, des grands magasins et au lancement de lignes de transports urbains. Napoléon fait de nombreuses guerres aux pays voisins. Mais il est battu par la Prusse en juillet 1870 à Sedan. C'est la fin du second Empire. La 3ème République est proclamée de 4 septembre 1870, sous la présidence de Thiers.

4. Vrai ou faux ?

Napoléon III est le fils de Napoléon Ier	
Il est élu président de la République en 1848.	
Il fait un coup d'Etat le 02/12/1852.	
Il devient Empereur 1 an après son coup d'Etat.	
La France connaît un bel essor sous son règne.	

H3 — De la Restauration à la 3ème République

Le 19ème siècle

LEÇON

Frise chronologique :
- Le retour de la monarchie : Louis XVIII, Charles X, Louis Philippe — 1814 — Les 3 glorieuses
- La 2ème république — 1848
- Le 2nd Empire — Napoléon III — 1852
- La 3ème république — 1870

Époque contemporaine

LE RETOUR DE LA MONARCHIE (1814-1848)

De 1815 à 1848, la France est à nouveau gouvernée par des _____ :

* sous Louis XVIII et Charles X c'est la _____ (1814 à 1824),

* sous Louis-Philippe (1824 à 1830) c'est la _____ .

Le pouvoir de ces rois n'est plus absolu car elle obéi à une nouvelle constitution : _____ _____ . On parle donc de monarchie _____ .

Les Français veulent plus de _____ et ne sont pas satisfaits de la _____ .

Ils font deux _____ :

* celle de 1830 (les _____ _____ qui dure 3 jours) conduit _____ à abdiquer.

* celle de 1848 provoque l'abdication de _____ et la chute du régime.

LA 2ÈME RÉPUBLIQUE (1848-1852)

La IIème République est proclamée en _____ . Le _____ _____ masculin est établi et _____ est aboli dans les colonies le 27 avril 1848. Le président de la République est _____ _____ _____ , le _____ de Napoléon Ier élu en décembre 1848.

LE SECOND EMPIRE (1852-1870)

En décembre 1851, Louis Napoléon Bonaparte renverse la _____ par un _____ le 2 décembre 1851. Il proclame _____ et prend le nom de _____ , un an plus tard, le 2 décembre 1852.

Sous son règne, la France connaît un grand _____ économique. Napoléon fait de nombreuses _____ aux pays voisins. Mais il est battu par la _____ en juillet 1870 à _____ . C'est la fin du second Empire. La 3ème République est proclamée de 4 septembre 1870, sous la présidence de Thiers.

H4 — Un siècle d'innovations

Le 19ème siècle

1 Inventions et progrès techniques

1) La découverte de l'énergie électrique constitue un des progrès les plus importants. Elle est obtenue par les barrages, situés sur les cours d'eau. Elle permet de produire de la lumière, de la chaleur et du mouvement.

2) La machine à vapeur devient la source d'énergie d'usines de plus en plus grosses, notamment dans le textile (machines à filer et à tisser) et dans la métallurgie. Elle fait également fonctionner les locomotives, les bateaux et les machines agricoles.

3) La photographie est inventée et le cinéma est mis au point les frères Lumière, l'ampoule électrique est inventée par Edison, et le téléphone par Bell. La TSF (radio) et le phonographe font également leur apparition.

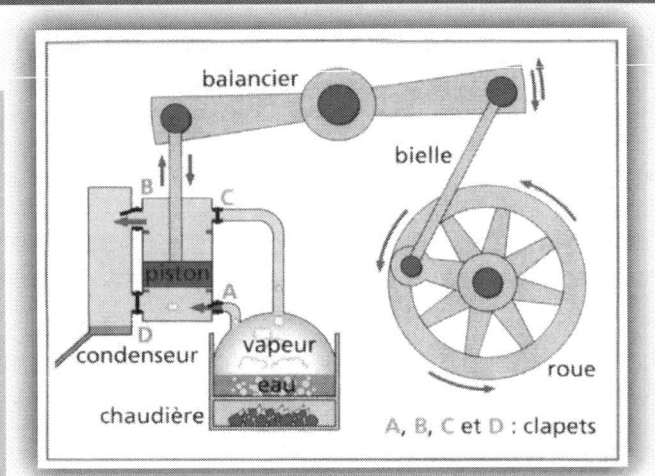

Doc 1 : La machine à vapeur de James Watt a d'abord été utilisée pour pomper l'eau des mines, puis dans d'autres domaines industriels.

Le sais-tu ?
Le métier d'ingénieur est réellement né au XIXème siècle. Les ingénieurs reçoivent une formation scientifique ou technique. Ils font des recherches et travaillent à adapter les inventions à l'industrie.

1 Réponds aux questions

1) Comment était obtenue l'électricité au 19ème siècle ? _____

2) A quoi servait-elle ? _____

3) Que fait fonctionner la machine à vapeur ? _____

4) Par qui fut inventé ?

* Le cinéma _____   * l'ampoule : _____

* Le téléphone _____   * la machine à vapeur : _____

2 Médecine, lettres et arts

1) <u>La médecine</u> : On commence à soigner certaines maladies mortelles. On découvre l'existence des microbes et on soigne les infections par la pratique de l'antisepsie : les chirurgiens font bouillir leurs instruments pour tuer les microbes. La pasteurisation des aliments des aliments est mise au point. Les progrès de l'hygiène et des médicaments préservent et soignent les populations des maladies contagieuses. Un Allemand, Röntgen, découvre les rayons X en 1895 : ceux-ci permettent de faire des radios, c'est-à-dire des photos de l'intérieur du corps.

2) <u>Les arts et les lettres</u> : De grands artistes ont vécu au 19ème s. :

* Des écrivains comme Victor Hugo   * Des poètes comme Verlaine
* Des musiciens comme Berlioz   * Des peintres comme Van Gogh, des sculpteurs.

H4 — Un siècle d'innovations

Le 19ème siècle

2 Vrai ou faux ?

Affirmations	vrai	faux
a. Victor Hugo a vécu au 18ème siècle.		
b. Berlioz est un musicien célèbre.		
c. Van Gogh est un sculpteur.		
d. Au 19ème siècle, il n'y a pas de maladies contagieuses.		
e. Röntgen prouve l'existence des microbes.		
f. Au 19ème siècle, l'hygiène progresse.		
g. Il n'y a plus de maladies mortelles au 19ème siècle.		

Doc 3 : Victor Hugo, 1802-1885 est l'auteur du célèbre roman « Les Misérables ».

3 La révolution des transports

Doc 4 : une voiture en 1914

* Les chemins de fer connaissent un essor prodigieux. On construit des voies ferrées un peu partout.
* Les bateaux à vapeur remplacent définitivement les voiliers, car ils sont plus rapides.
Le percement du canal de Suez en Egypte et celui du canal de Panama en Amérique centrale permettent aux bateaux d'effectuer des trajets plus courts.
* Les premières automobiles sont construites en 1886. Elles fonctionnent avec de l'essence, produite à partir du pétrole.
* La bicyclette est mise au point.
* En 1890, Ader construit le premier aéroplane, équipé d'un moteur à vapeur.

3 Ecris le nom des transports qui apparaissent au 19ème s.

_____
_____
_____
_____
_____

4 Complète la carte ci-dessous

1) Trace d'une flèche rouge le chemin parcouru par un bateau allant de France jusqu'en Chine, avant le percement du canal du Panama.

2) Trace d'une flèche verte la nouvelle route maritime passant par le canal du Panama

3) Trace d'une flèche bleue le chemin parcouru par un bateau allant de France en Inde, avant le percement du canal de Suez.

4) Trace d'une flèche jaune la nouvelle route maritime passant par le canal de Suez.

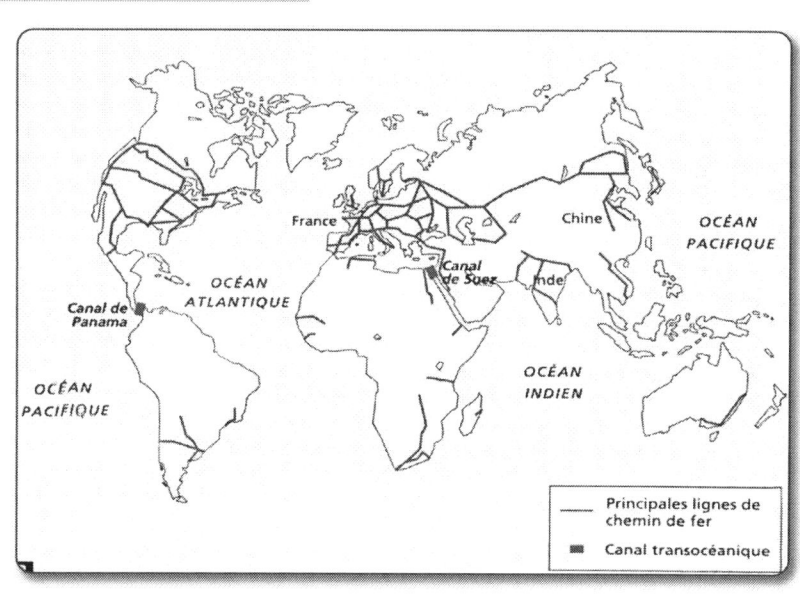

Légende :
— Principales lignes de chemin de fer
■ Canal transocéanique

H4 — Un siècle d'innovations

Le 19ème siècle

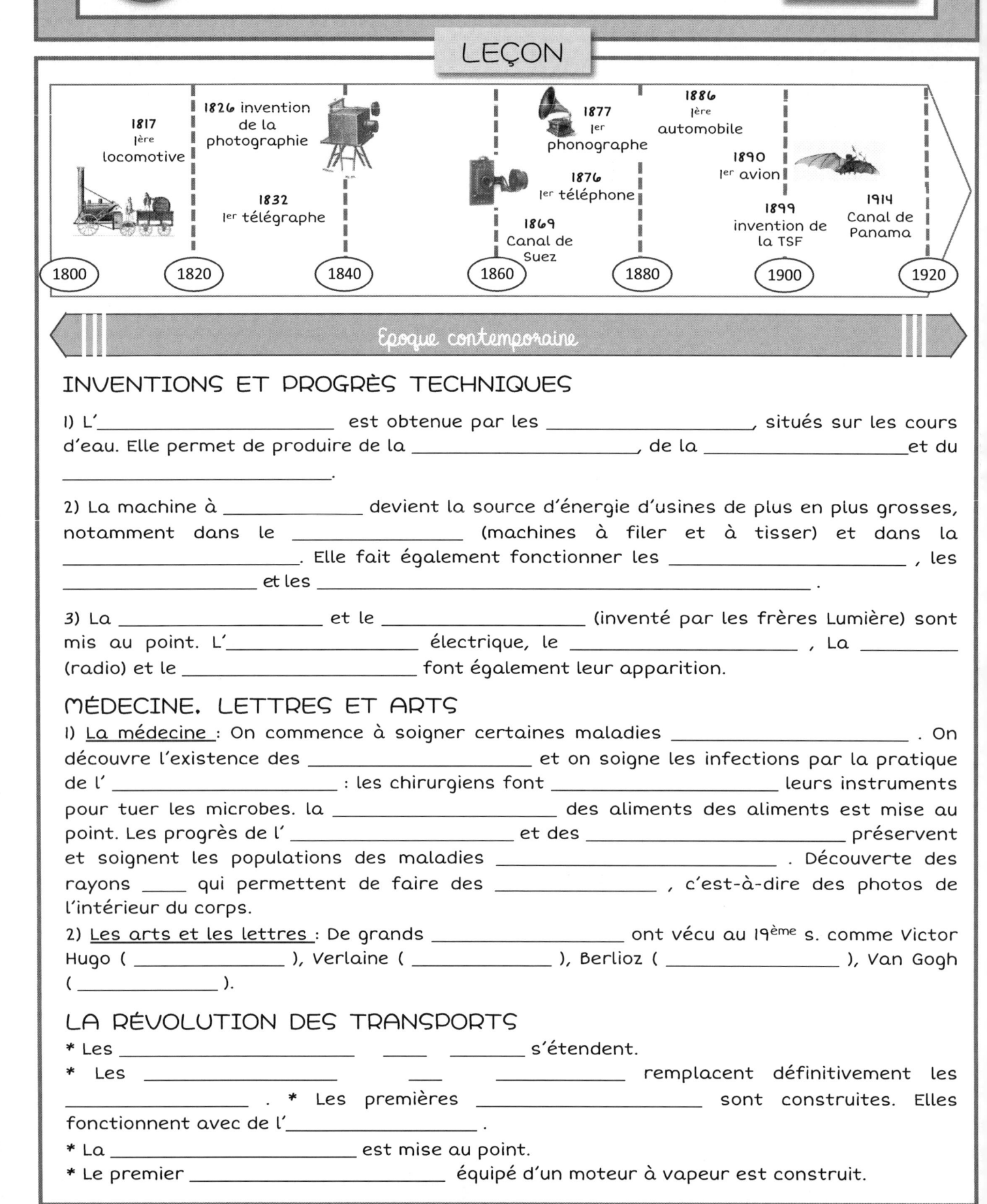

LEÇON

Frise chronologique :
- 1817 : 1ère locomotive
- 1826 : invention de la photographie
- 1832 : 1er télégraphe
- 1869 : Canal de Suez
- 1876 : 1er téléphone
- 1877 : 1er phonographe
- 1886 : 1ère automobile
- 1890 : 1er avion
- 1899 : invention de la TSF
- 1914 : Canal de Panama

(1800 — 1820 — 1840 — 1860 — 1880 — 1900 — 1920)

Époque contemporaine

INVENTIONS ET PROGRÈS TECHNIQUES

1) L'_____ est obtenue par les _____, situés sur les cours d'eau. Elle permet de produire de la _____, de la _____ et du _____.

2) La machine à _____ devient la source d'énergie d'usines de plus en plus grosses, notamment dans le _____ (machines à filer et à tisser) et dans la _____. Elle fait également fonctionner les _____, les _____ et les _____.

3) La _____ et le _____ (inventé par les frères Lumière) sont mis au point. L'_____ électrique, le _____, La _____ (radio) et le _____ font également leur apparition.

MÉDECINE, LETTRES ET ARTS

1) <u>La médecine</u> : On commence à soigner certaines maladies _____. On découvre l'existence des _____ et on soigne les infections par la pratique de l' _____ : les chirurgiens font _____ leurs instruments pour tuer les microbes. la _____ des aliments des aliments est mise au point. Les progrès de l' _____ et des _____ préservent et soignent les populations des maladies _____. Découverte des rayons ____ qui permettent de faire des _____, c'est-à-dire des photos de l'intérieur du corps.

2) <u>Les arts et les lettres</u> : De grands _____ ont vécu au 19ème s. comme Victor Hugo (_____), Verlaine (_____), Berlioz (_____), Van Gogh (_____).

LA RÉVOLUTION DES TRANSPORTS

* Les _____ ____ _____ s'étendent.
* Les _____ ___ _____ remplacent définitivement les _____. * Les premières _____ sont construites. Elles fonctionnent avec de l'_____.
* La _____ est mise au point.
* Le premier _____ équipé d'un moteur à vapeur est construit.

H5 — La première guerre mondiale

Le 20ème siècle

1. Le début de la guerre

Au début du XXème siècle, des rivalités politiques et coloniales opposent en Europe les pays de l'Alliance, regroupés autour de l'Allemagne, de l'Italie et de l'Autriche-Hongrie, et les pays de l'Entente (les Alliés) réunis autour de la France, du Royaume-Uni et de la Russie. (Doc 1)

En août 1914, la guerre est déclarée entre la triple Alliance au centre de l'Europe et la triple Entente (Est et Ouest de l'Europe).

Fin 1914, les armées française et allemande ont creusé 600 kilomètres de tranchées de la mer du Nord à la Suisse.

Dans les tranchées, la vie des soldats est un vrai cauchemar : Ils sont dans la boue, le froid sous les grenades et les obus ! (doc 2)

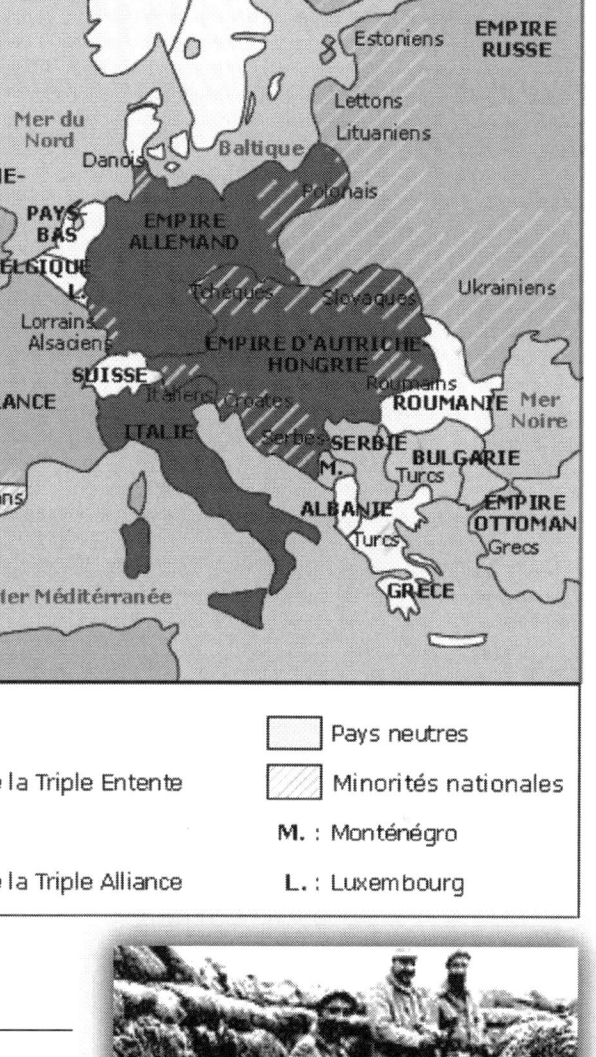

Légende carte :
- Triple Entente
- Etats proches de la Triple Entente
- Triple Alliance
- Etats proches de la Triple Alliance
- Pays neutres
- Minorités nationales
- M. : Monténégro
- L. : Luxembourg

Doc 1 : carte des pays entrant en guerre

Doc 2 : Les soldats dans les tranchées

1 Réalise ces exercices

1) Ecris le nom des pays :

* De la triple Alliance : _____

* De la triple Entente : _____

2) Ecris ce qui se passe :

* en Août 1914 : _____

* fin 1914 : _____

3) Décris la vie des soldats dans les tranchées : _____

H5 — La première guerre mondiale

Le 20ème siècle

2 De 1917 à 1919

En 1917 la situation change. En France, George Clémenceau prend la tête du gouvernement. La Russie, bouleversée par une grande Révolution, arrête la guerre. Les Allemands peuvent alors se concentrer sur le front de l'Ouest. Mais les Etats-Unis entrent en guerre pour soutenir la France. Les troupes alliées de la France remportent des victoires très importantes au printemps 1918. L'armistice est signé le 11 novembre 1918 et le traité de paix est signé à Versailles en juin 1919. L'Allemagne rend l'Alsace et la Lorraine à la France.

2 Vrai ou faux ? Corrige si c'est faux.

Affirmations	Vrai ou faux	correction
a. George Clémenceau devient président de la République française.		
b. La Russie arrête la guerre car elle ne veut plus se battre.		
c. Les Etats-Unis viennent soutenir l'Allemagne et entrent en guerre.		
d. L'Allemagne gagne la guerre.		
e. Le traité de Versailles est signé le 11 novembre 1918.		
f. L'Allemagne doit rendre L'Alsace et la Lorraine à la France.		

3 Une guerre mondiale et totale et ses conséquences

Doc 3 : Un char d'assaut

Près de 70 millions d'hommes de tous les continents et en particulier des colonies européennes ont été mobilisées. Les combats ont été terrestres, aériens et sous-marins. De nouvelles armes et de nouveaux véhicules de guerre ont joué un grand rôle dans les combats. (doc 3)

En France, l'Etat a dirigé l'économie et les finances. Les impôts ont augmenté, des emprunts de guerre ont été lancés, le ravitaillement en nourriture et en matières premières a été contrôlé.

La Guerre a fait près de 10 millions de morts dont au moins 1,5 millions de Français et 6 millions de grands blessés. Les destructions matérielles sont considérables et les populations traumatisées.

3 Ecris à quoi correspondent ces nombres suivants :

a) 70 millions : _____

b) 10 millions : _____

c) 6 millions : _____

d) 1,5 millions : _____

H5 — La première guerre mondiale
Le 20ème siècle

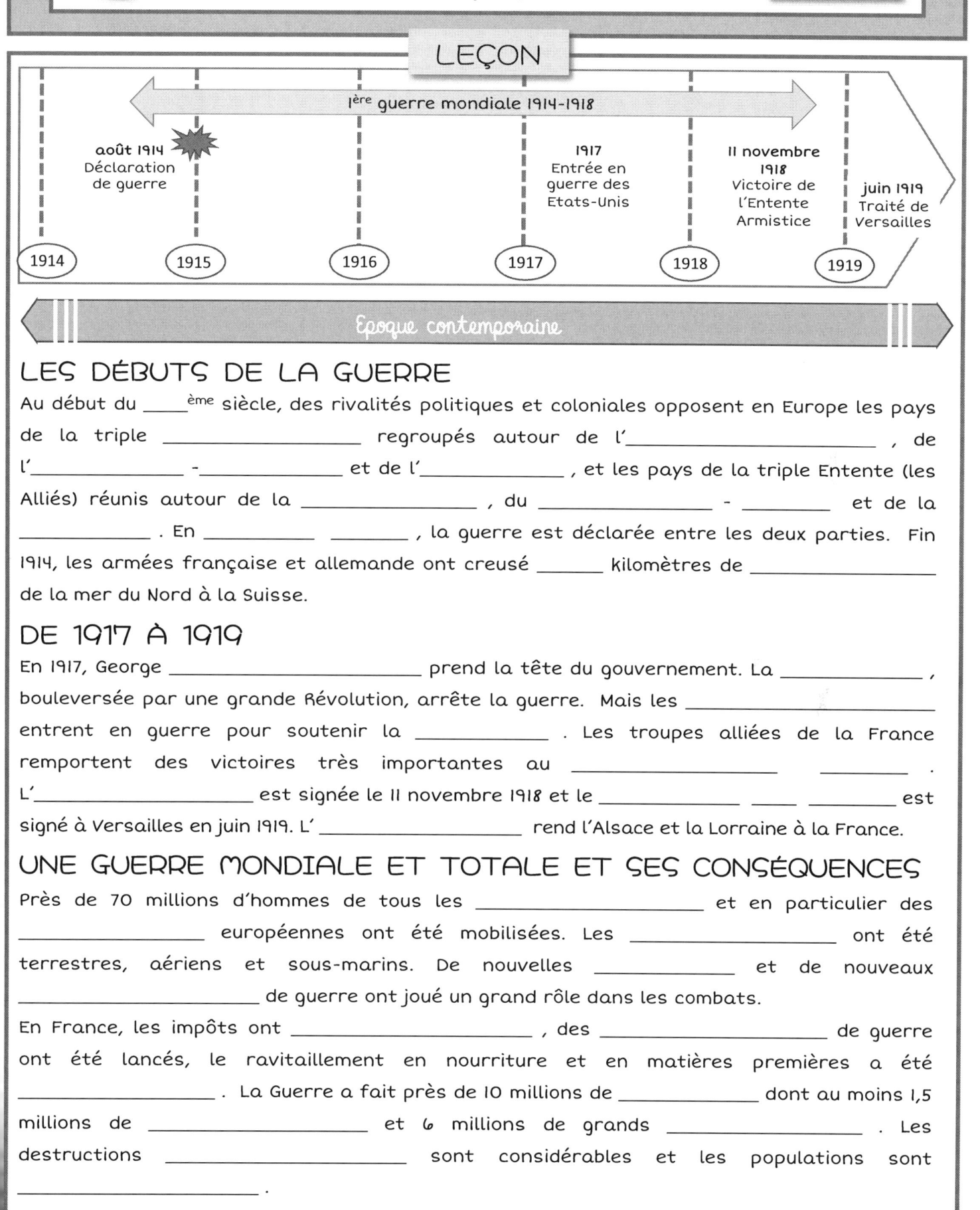

LEÇON

1ère guerre mondiale 1914-1918

- août 1914 : Déclaration de guerre
- 1917 : Entrée en guerre des Etats-Unis
- 11 novembre 1918 : Victoire de l'Entente Armistice
- juin 1919 : Traité de Versailles

1914 — 1915 — 1916 — 1917 — 1918 — 1919

Époque contemporaine

LES DÉBUTS DE LA GUERRE

Au début du ____ème siècle, des rivalités politiques et coloniales opposent en Europe les pays de la triple _____ regroupés autour de l'_____ , de l'_____ - _____ et de l'_____ , et les pays de la triple Entente (les Alliés) réunis autour de la _____ , du _____ - _____ et de la _____ . En _____ _____ , la guerre est déclarée entre les deux parties. Fin 1914, les armées française et allemande ont creusé _____ kilomètres de _____ de la mer du Nord à la Suisse.

DE 1917 À 1919

En 1917, George _____ prend la tête du gouvernement. La _____ , bouleversée par une grande Révolution, arrête la guerre. Mais les _____ entrent en guerre pour soutenir la _____ . Les troupes alliées de la France remportent des victoires très importantes au _____ _____ . L'_____ est signée le 11 novembre 1918 et le _____ ____ _____ est signé à Versailles en juin 1919. L'_____ rend l'Alsace et la Lorraine à la France.

UNE GUERRE MONDIALE ET TOTALE ET SES CONSÉQUENCES

Près de 70 millions d'hommes de tous les _____ et en particulier des _____ européennes ont été mobilisées. Les _____ ont été terrestres, aériens et sous-marins. De nouvelles _____ et de nouveaux _____ de guerre ont joué un grand rôle dans les combats.

En France, les impôts ont _____ , des _____ de guerre ont été lancés, le ravitaillement en nourriture et en matières premières a été _____ . La Guerre a fait près de 10 millions de _____ dont au moins 1,5 millions de _____ et 6 millions de grands _____ . Les destructions _____ sont considérables et les populations sont _____ .

H6 — De 1919 à 1945

Le 20ème siècle

1 L'entre deux guerres de 1919 à 1939

Jusqu'en 1929 la situation des Français s'améliore. L'électricité et le gaz sont de plus en plus utilisés, il y a de plus en plus de voitures et de nouveaux loisirs apparaissent comme le cinéma ou le music-hall. Mais en 1929 une grave crise économique (les usines ferment et les chômeurs augmentent) et politique éclate en Europe.

Des dictatures (des régimes totalitaires qui contrôlent tout) voient le jour : En Russie, avec Staline c'est le communisme, en Allemagne, Hitler (le Führer) fonde le nazisme et en Italie, Mussolini crée le fascisme. En France, les partis d'extrême-droite essaient de prendre le pouvoir. Pour s'y opposer, des Français forment, en 1936, le Front Populaire mené par Léon Blum qui devient le chef du gouvernement. Les conditions de travail s'améliorent pour les Français : 40h de travail par semaine et 15 jours de congés payés par an.

Mais plusieurs partis politiques s'opposent au Front Populaire qui doit quitter le pouvoir en 1938. Les pays d'Europe s'inquiètent de la puissance de l'Allemagne. Hitler semble préparer la guerre. La France se prépare, on construit des armes, des avions, des chars, on renforce les frontières.

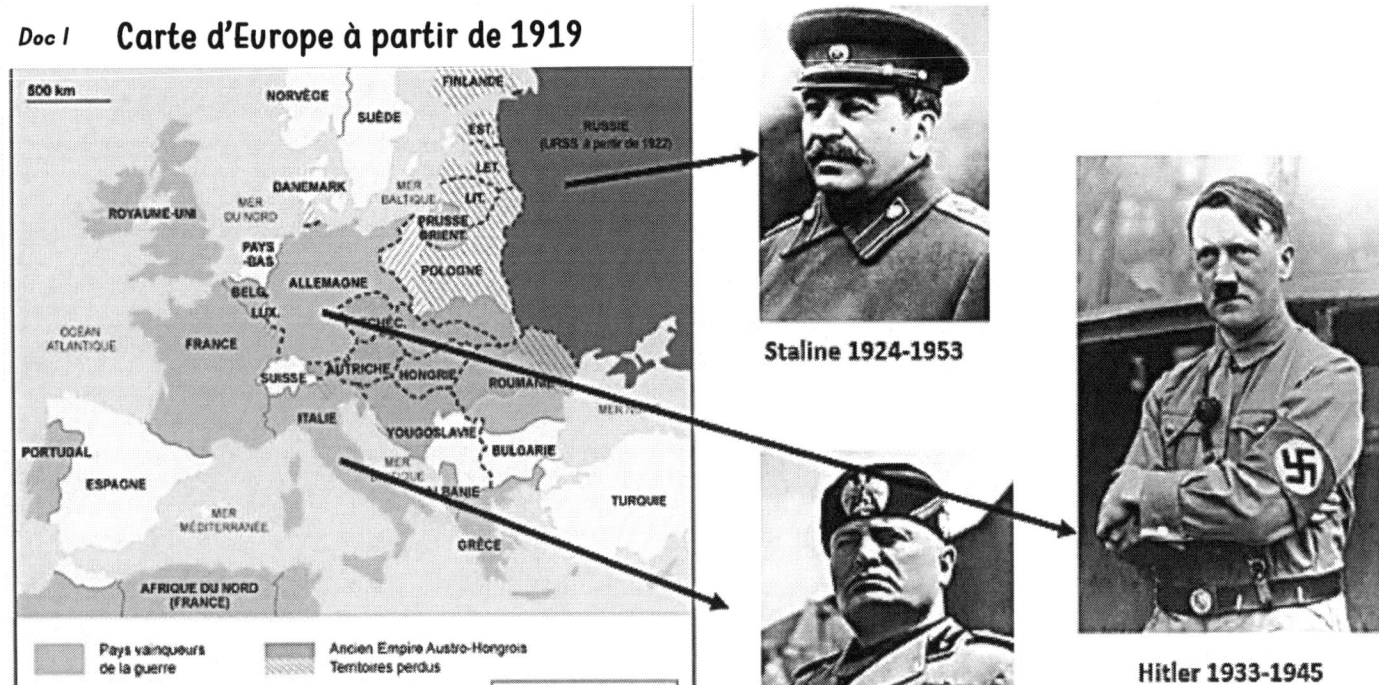

Doc 1 — Carte d'Europe à partir de 1919

Staline 1924-1953

Mussolini 1922-1945

Hitler 1933-1945

1 Indique les dates de ces événements

a. Une grande crise économique européenne éclate : _____
b. Le Front Populaire arrive au pouvoir en France : _____
c. Le fascisme s'installe en Italie : _____
d. Le nazisme se développe en Allemagne : _____
e. Le Front Populaire quitte le pouvoir : _____

Le sais-tu ?
Les jeunes sont un enjeu capital pour l'avenir des pays totalitaires comme l'Allemagne ou l'Italie. C'est pourquoi dès l'enfance, ils sont encadrés et préparés à se battre.

H6 — De 1919 à 1945

Le 20ème siècle

2 Complète

A partir de 1922, des régimes totalitaires appelées aussi des _____ apparaissent : En Italie, _____ créé le _____, en Allemagne, _____ fonde le _____. En Russie, _____ installe le _____. En France, le _____ _____ qui veut s'opposer à ce totalitarisme, prend le pouvoir et _____ _____ devient le chef du gouvernement.

2 Le début de la seconde guerre mondiale (1939-1940)

L'offensive allemande

L'Allemagne s'empare de l'Autriche en 1938 puis de la Tchécoslovaquie et de la Pologne en 1939. Aussitôt la France et l'Angleterre lui déclarent la guerre. En 1940, les Allemands envahissent le Nord de la France. C'est une défaite totale et rapide pour la France. L'Angleterre se retrouve seule à combattre.
Le Maréchal Pétain signe l'armistice, le 22 juin 1940.

La France occupée

L'armée allemande s'installe dans le Nord du pays (zone occupée) séparé du Sud (zone libre) par la ligne de démarcation, qui est placée sous l'autorité du gouvernement à Vichy dirigé par Pétain qui collabore avec les nazis. L'Allemagne pille l'économie française. Le pain, la viande et le lait manquent et sont rationnés, c'est-à-dire distribuées en petites quantités.
Mais surtout, le gouvernement de Vichy participe à la politique antisémite des nazis (racisme envers les juifs). En France, comme dans la grande partie de l'Europe, les Juifs sont arrêtés et déportés dans des camps de concentration. Là, les nazis les tuent dans des chambres à gaz.

3 Ecris le nom des pays attaqués par l'Allemagne

a) En 1938 : _____

b) En 1939 : _____
et _____

c) En 1940 : _____

4 Vrai ou faux ?

En 1940, les Allemands envahissent l'Angleterre.	
En 1940, l'armée Allemande occupe le sud de la France.	
Pétain dirige le gouvernement de Vichy.	
La France connaît un bel essor sous son règne.	

Doc 2 : Carte de la France occupée

H6 — De 1919 à 1945

Le 20ème siècle

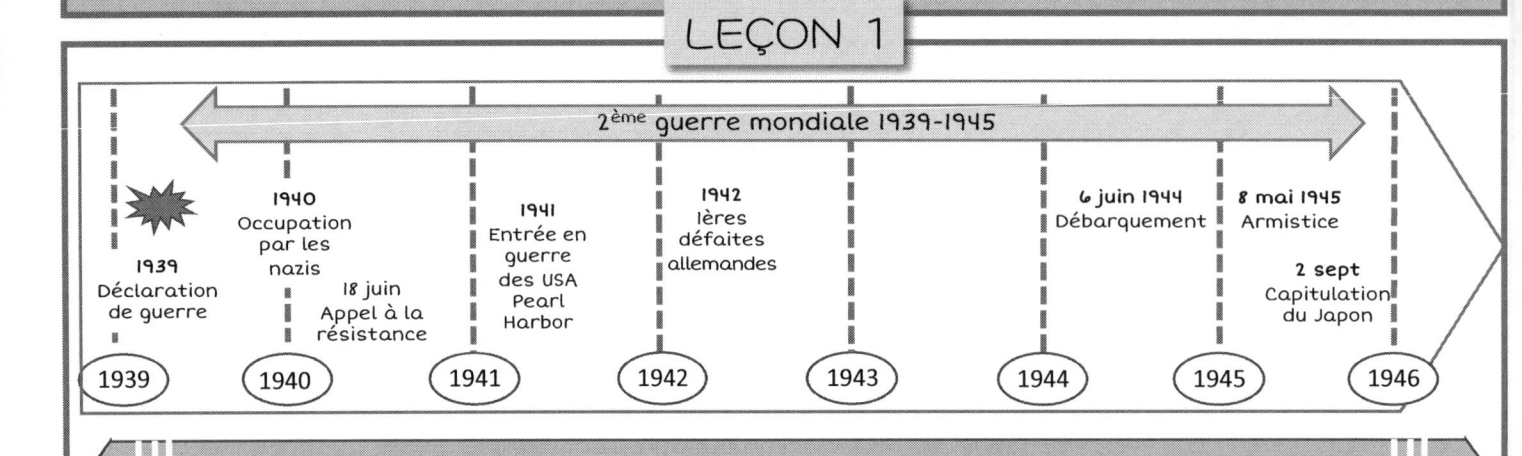

LEÇON 1

2ème guerre mondiale 1939-1945

- 1939 Déclaration de guerre
- 1940 Occupation par les nazis
- 18 juin Appel à la résistance
- 1941 Entrée en guerre des USA Pearl Harbor
- 1942 1ères défaites allemandes
- 6 juin 1944 Débarquement
- 8 mai 1945 Armistice
- 2 sept Capitulation du Japon

(1939) (1940) (1941) (1942) (1943) (1944) (1945) (1946)

Époque contemporaine

L'ENTRE 2 GUERRES. DE 1919 À 1939

En 1929 une grave _____ économique et politique éclate en Europe. Des _____ voient le jour : En Russie, avec _____ c'est le communisme, en Allemagne, _____ fonde le nazisme et en Italie, _____ crée le fascisme. En France, les partis d'extrême-droite essaient de prendre le pouvoir. Pour s'y opposer, des Français forment, en 1936, le _____ _____ mené par Léon Blum qui devient le chef du gouvernement jusqu'en 1938.

LE DÉBUT DE LA GUERRE : 1939-1940

_____ s'empare de l'Autriche, de la Tchécoslovaquie et de la Pologne. Aussitôt la _____ et _____ lui déclarent la guerre. En 1940, les Allemands envahissent le _____ de la France. C'est une défaite totale et rapide pour la France. Le Maréchal _____ signe l'armistice, le 22 juin 1940.

L'armée allemande s'installe dans le Nord du pays (zone _____). La zone Sud (zone _____) est placée sous l'autorité du gouvernement à _____ dirigé par Pétain qui _____ avec les nazis et qui participe à la politique _____ des nazis (racisme envers les juifs).

En France, les Juifs sont arrêtés et déportés dans des _____ _____ . Là, les nazis les tuent dans des chambres à _____ .

H6 — De 1919 à 1945
Le 20ème siècle

3 Un conflit mondial

Dès 1941, les troupes d'Hitler conquièrent la Yougoslavie et la Grèce. Elles envahissent aussi l'Ouest de la Russie.
Le Japon, allié de l'Allemagne, attaque la base américaine de Pearl Harbor dans le Pacifique. Ceci pousse les Etats-Unis à entrer en guerre aux côtés de l'Angleterre et de la Russie. Les pays d'Asie et d'Afrique sont peu à peu touchés par la guerre et les colonies aident leur pays à combattre.
Le conflit devient mondial.

5 Réponds aux questions.

a) Où se trouvait Pearl Harbor ? _____

b) A quelle date l'attaque a-t-elle eu lieu ? _____

c) Comment les Japonais ont-ils attaqué les Américains ? _____

Doc 3 : L'attaque de Pearl Harbor

4 La Résistance

Certains Français refusent de baisser les bras et décident de résister. Ils forment la Résistance et s'organisent à l'extérieur du pays. Le 18 juin 1940, le général de Gaulle lance un appel à la résistance contre les Allemands. Les hommes alors agissent de l'intérieur du pays. Dans l'ombre, ils organisent des attentats, des sabotages, ils harcèlent les Allemands.
L'Angleterre parachutent des hommes, des armes et du matériel radio aux résistants. Ceux-ci transmettent à Londres des renseignements importants en espionnant les Allemands. Ils sont pourchassés par la Gestapo (police allemande) et la Milice composés de collaborateurs français. Si, par malheur, ils sont arrêtés, ils sont torturés puis déportés ou fusillés. C'est le cas de Jean Moulin, un préfet résistant torturé et mort sans avoir parlé en juillet 1843.

6 Relie.

Charles de Gaulle *   * exécutent des sabotages

Jean Moulin *   * appelle à la résistance

Les résistants *   * pourchasse les résistants

Les Anglais *   * meurt, torturé, sans avoir parlé

La Gestapo *   * sont parachutés en France

7 Entoure la ou les bonnes réponses.

a) Les Anglais parachutent :

    * des armes   * du matériel radio   * de la nourriture

b) Un résistant peut être :

    * fusillé   * torturé   * emprisonné   * déporté

H6 — De 1919 à 1945

Le 20ème siècle

LE GÉNOCIDE DES JUIFS

A partir de 1942, les soldats nazis, appelés les SS, ont mis en œuvre la « solution finale au problème juif » c'est-à-dire l'extermination des populations juives d'Europe. Les tsiganes ont subi le même sort. Les personnes arrêtées sont envoyées dans des chambres à gaz en Europe et surtout en Pologne comme dans le camp d'Auschwitz qui est le plus connus. Au total plus de 5 millions de juifs ont péri dans ce génocide appelé la « Shoah.

ANNE FRANK (1929-1945)

C'est une jeune Allemande juive qui était cachée aux Pays-Bas dans un grenier de juin 1942 à août 1944 avec sa famille. Elle a écrit un journal pendant 2 ans qui raconte sa vie quotidienne. Mais ils ont été dénoncés et déportés dans un camp de concentration où elle est décédée.

6 La libération, la victoire

Doc 4 : Le débarquement en Normandie

LES IÈRES DÉFAITES ALLEMANDES

L'Allemagne subit ses premières défaites en Afrique (1942) et en Italie (1943) où les troupes américaines débarquent et surtout en Russie (1943).
Dans l'océan Pacifique, l'aviation américaine oblige les Japonais à reculer.

LA LIBÉRATION

Les troupes anglaises et américaines débarquent en Normandie, le 6 juin 1944 et en Provence le 15 août 1944.
Paris est libéré le 25 août par la 2ème division blindée du général Leclerc. Les alliés de la France sont aidés par la Résistance. Hitler, voyant que la bataille est perdue, se suicide le 30 avril 1945. L'Allemagne capitule le 8 mai 1945.

Le japon cesse les combats en août 1945 après les bombardements atomiques d'Hiroshima et Nagasaki les 6 et 9 août 1945. Le japon capitule le 2 septembre 1945. En 1950, le nombre total de morts par les bombes atomiques s'élevait à 340 000.
La guerre a fait plus de 50 millions de morts dans le monde. Les pays d'Europe sont massivement détruits.

8 Pour chaque date, indique ce qui s'est passé.

a) 6 juin 1944 : _____

b) 25 août 1944 : _____

c) 30 avril 1945 : _____

d) 8 mai 1945 : _____

e) 6 et 9 août 1945 : _____

f) 2 septembre 1945 : _____

Hiroshima le 6 août 1945   Nagasaki le 9 août 1945

Doc 5 : Les 2 bombes nucléaires

H6 — De 1919 à 1945

Le 20ème siècle

LEÇON 2

UN CONFLIT MONDIAL

Dès 1941, les troupes d'Hitler envahissent la Yougoslavie, la Grèce, l'Ouest de la Russie. Le _____, allié de l'Allemagne, attaque la base américaine de _____ _____ dans le Pacifique. Ceci pousse les Etats-Unis à entrer en guerre aux côtés de l'Angleterre et de la Russie.

LA RÉSISTANCE

Le 18 juin 1940, le général _____ lance un appel aux Français à la _____ contre les Allemands. Les résistants organisent des attentats, des sabotages, ils harcèlent les Allemands. Les _____ parachutent des hommes, des armes et du matériel radio aux résistants. Ceux-ci transmettent à Londres des renseignements importants. Ils sont pourchassés par la _____ (police allemande) et la _____ composés de collaborateurs français.

LA LIBÉRATION. LA VICTOIRE

L'Allemagne subit ses premières _____ en 1942. Les troupes anglaises et américaines débarquent en _____, le 6 juin 1944. Paris est libéré le 25 août 1945. Hitler, voyant que la bataille est perdue, _____ le 30 avril 1945. L'Allemagne _____ le 8 mai 1945. Le _____ cesse les combats en août 1945 après les _____ atomiques d'Hiroshima et Nagasaki les 6 et 9 _____ 1945. Le japon capitule le 2 septembre 1945.

La guerre a fait plus de _____ _____ de morts dans le monde. Les pays d'Europe sont massivement _____.

La libération de la France à Paris

GÉOGRAPHIE

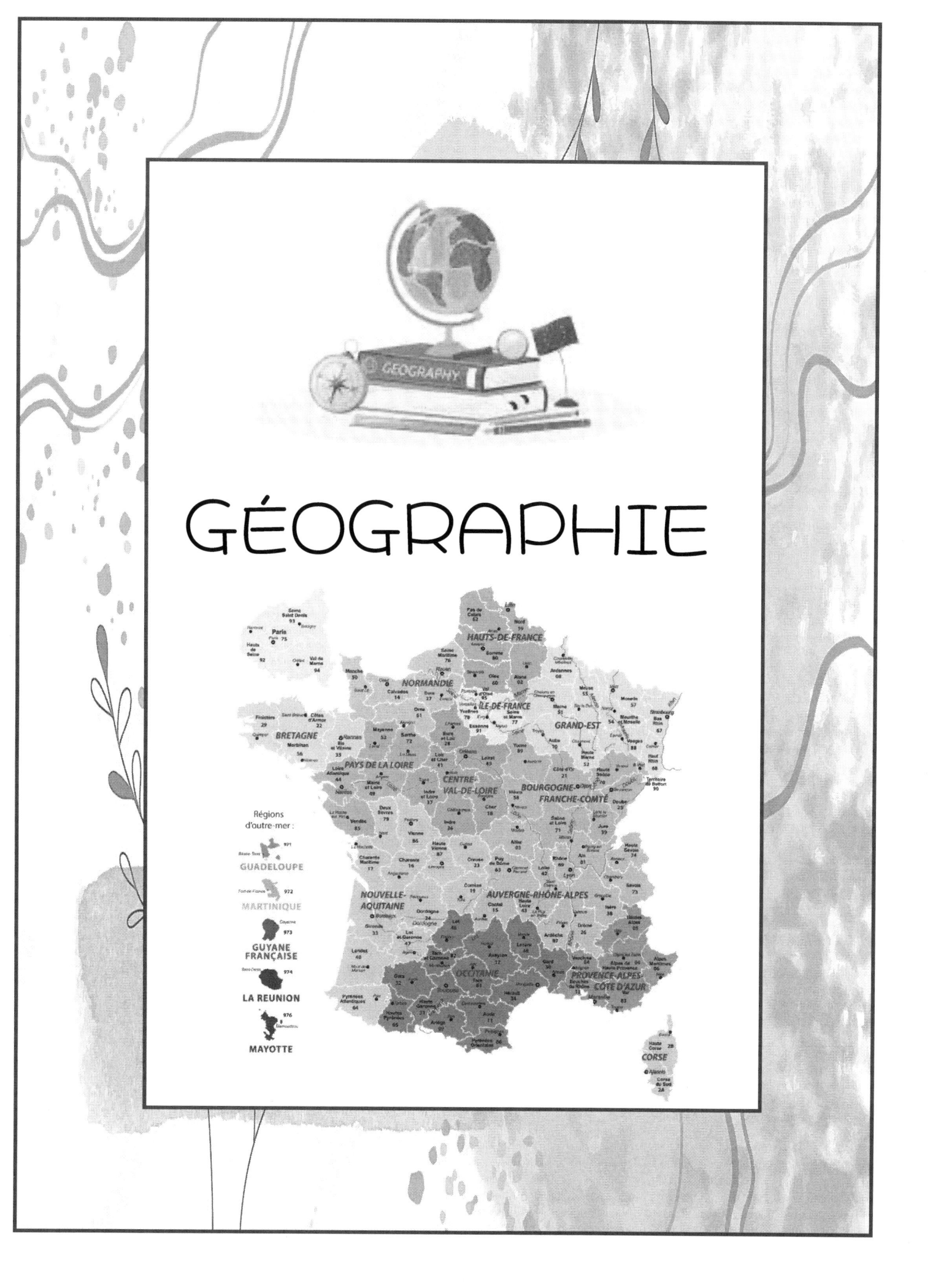

G1 — Se repérer sur la Terre

Le monde

Des lignes imaginaires

Pour se repérer sur la Terre, les hommes ont inventé des repères :

1) <u>L'équateur</u>, est une ligne imaginaire qui partage la terre en 2 parties : l'hémisphère nord et l'hémisphère sud

2) Le globe a été découpé en tranches <u>parallèles</u> à l'équateur. Ces tranches ont été numérotées de 0° à 90°N entre l'équateur et le pôle Nord et de 0° à 90°S de l'équateur au pôle Sud. Ce sont les latitudes.

3) Le globe a aussi été découpé en quartiers comme une orange. Les lignes imaginaires qui joignent les deux pôles s'appellent des <u>méridiens</u>. Les méridiens ont eux aussi été numérotés à partir de celui qui passe par l'observatoire de Greenwich à Londres, ce sont les longitudes.

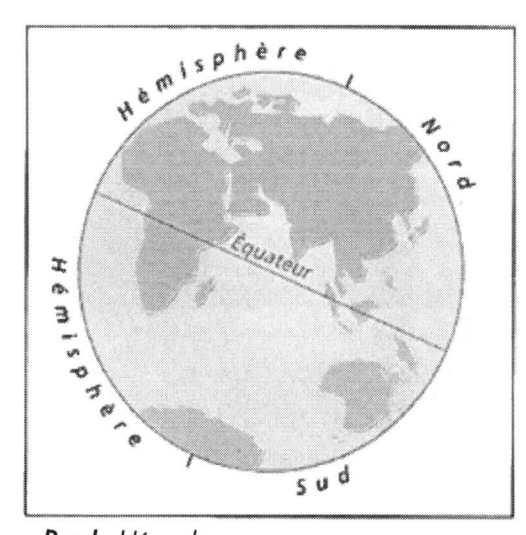

Doc 1 : L'équateur

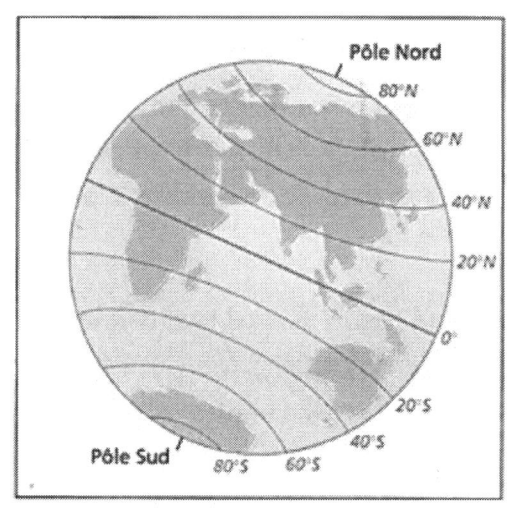

Doc 2 : Les parallèles donnent la latitude.

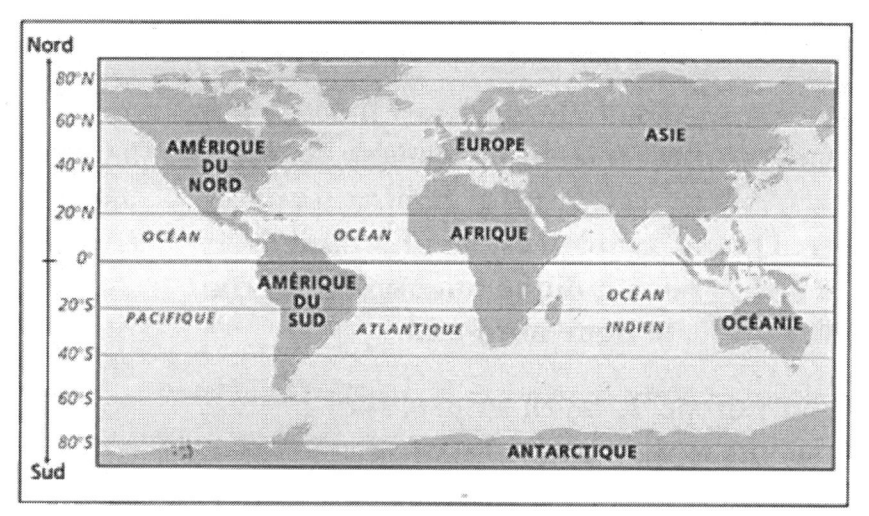

G1 — Se repérer sur la Terre

Le monde

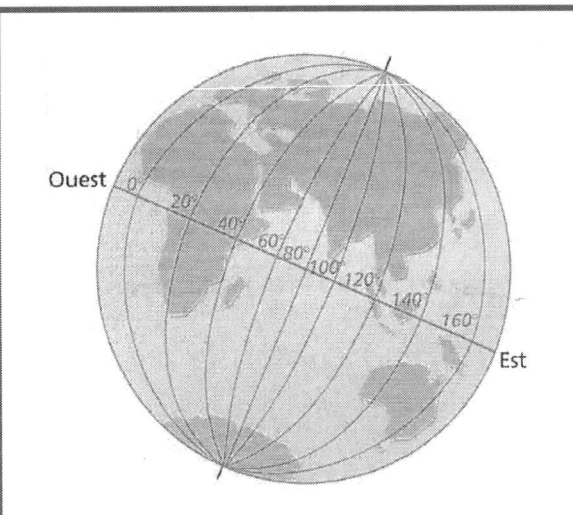

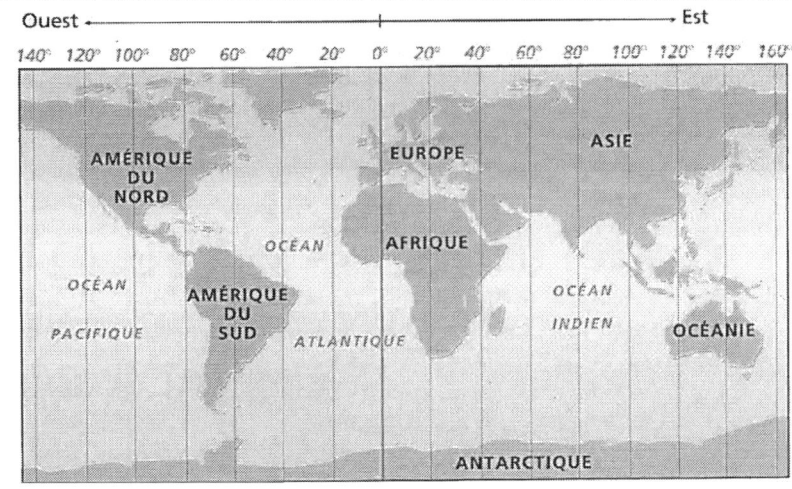

Doc 3 : Les méridiens donnent la longitude.

La terre est découpée un peu comme un quadrillage.
On peut retrouver un lieu sur une carte, grâce à ses coordonnées géographiques en degrés :
- d'Est en ouest,
- du nord au sud.

1 En utilisant le document 4 :

1) Indique si ces points sont situés sur le continent (C) ou dans la mer (M) :

A (60°N ; 60°E) _____   C (80°S ; 60°O) _____

B (20°N ; 20°E) _____   D (20°S ; 100°O) _____

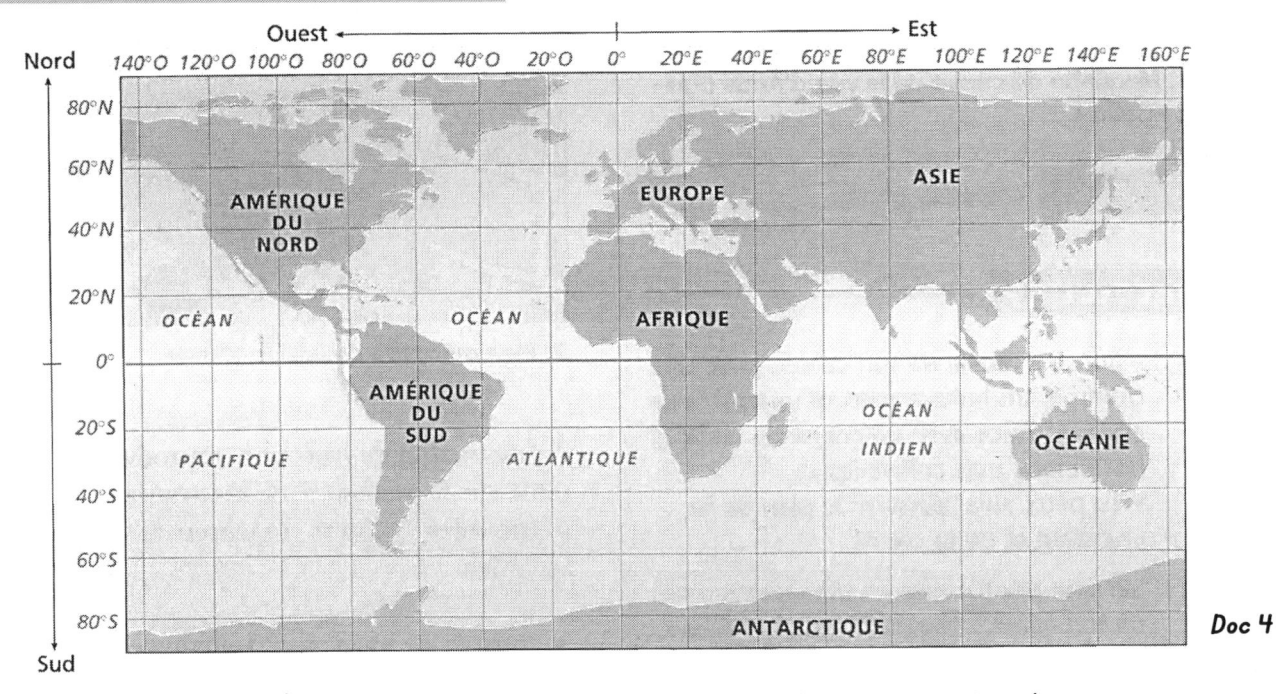

Doc 4

2) Jusqu'à quels parallèles doit-on aller pour contourner l'Afrique et l'Amérique du Sud en bateau ?

_____

3) Place un bateau par 20° de longitude Ouest et 40° de latitude Nord.

4) Place une voiture par 130° de longitude Est et 30° de latitude Sud.

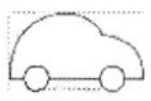

G1 — Se repérer sur la Terre — Le monde

2 Sur les cartes ci-dessous :

1) Repasse en rouge le méridien d'origine (de Greenwich), en jaune les méridiens Est et en bleu les méridiens Ouest (1ère carte)

2) Repasse en orange l'équateur en violet les parallèles Nord et en rose les parallèles Sud (2ème carte)

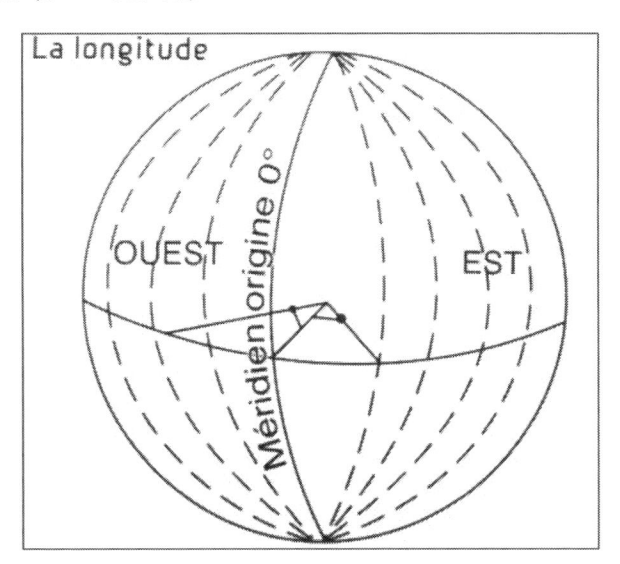

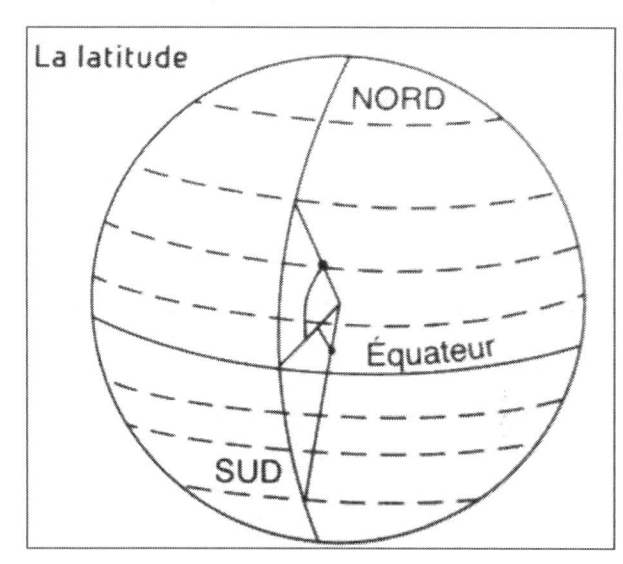

La longitude — OUEST — EST — Méridien origine 0°

La latitude — NORD — Équateur — SUD

Les **tropiques** sont des cercles (imaginaires également), symétriquement parallèles à l'équateur. Celui de l'hémisphère Nord s'appelle le tropique du Cancer et celui de l'hémisphère Sud, le tropique du Capricorne. De même, les **cercles polaires** isolent les pôles de chaque hémisphère.

Cet ensemble de lignes délimite en partie des **zones climatiques** : les régions chaudes sont plutôt autour de l'équateur, entre les deux tropiques, tandis que les régions froides sont situées près des pôles. Entre les tropiques et les pôles se trouvent les régions tempérées.

3 Sur la carte ci-dessus :

1) Repasse en marron les deux tropiques et indique s'il s'agit du tropique du cancer ou du capricorne.

2) Repasse les cercles polaires en rouge et écrit nord ou sud.

G1 — Se repérer sur la Terre

Le monde

LEÇON

Pour se repérer sur la _____, les hommes ont inventé des _____ :

1) '_____, est une ligne imaginaire qui partage la terre en 2 parties : les _____ nord et sud.

2) Le globe a été découpé en tranches _____ à l'équateur. Ces lignes donnent les _____ .

3) Le globe a aussi été découpé en quartiers comme une orange. Les lignes imaginaires s'appellent des _____ . Celui d'origine qui sert de repère, s'appelle le _____ de _____ à Londres. Ces lignes donnent les _____ .

4) Les _____ sont des cercles imaginaires, symétriquement parallèles à l'équateur. Celui de l'hémisphère Nord s'appelle le tropique du _____ et celui de l'hémisphère Sud, le tropique du _____ .

5) De même, les _____ _____ isolent les pôles de chaque hémisphère.

Cet ensemble de lignes délimite en partie des _____ _____ : les régions chaudes sont plutôt autour de _____, entre les deux tropiques, tandis que les régions froides sont situées près des _____ . Entre les tropiques et les pôles se trouvent les régions _____ .

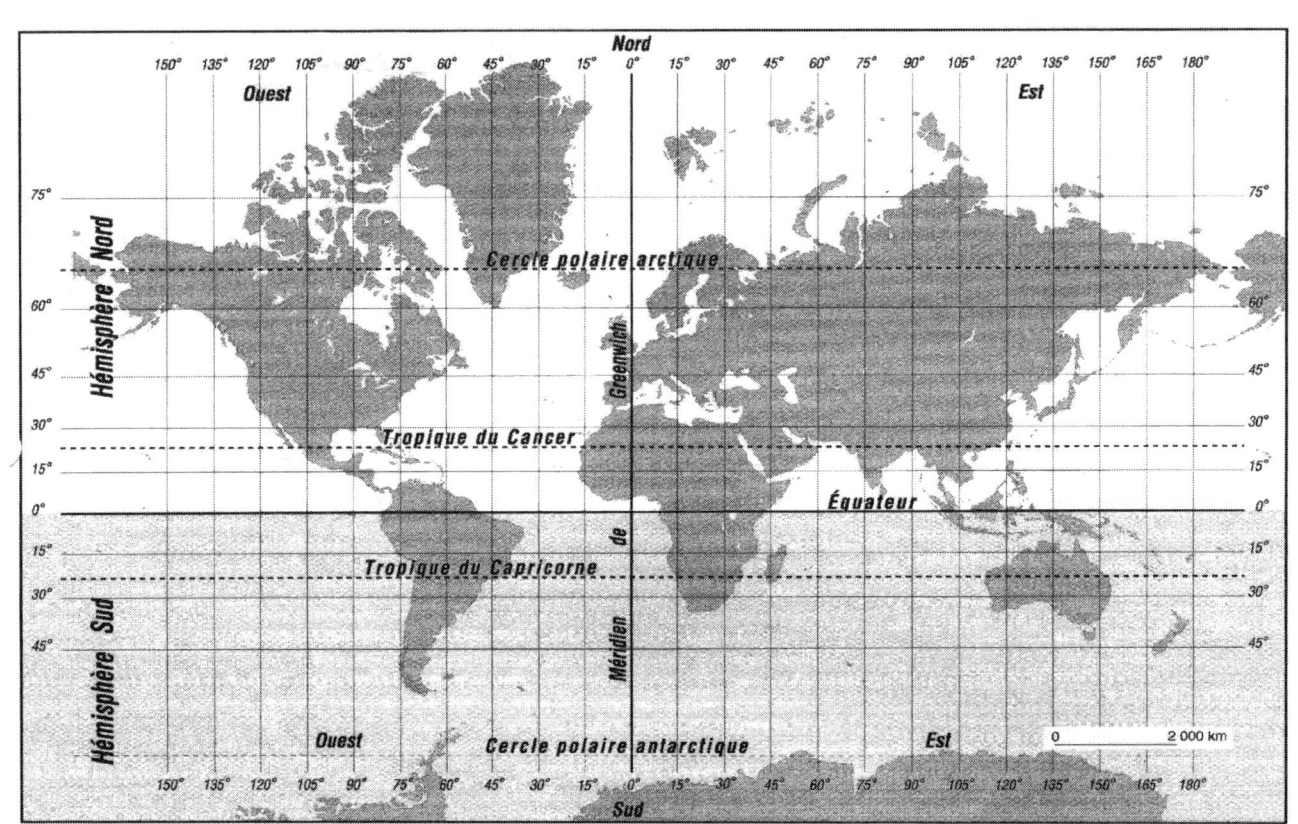

G2 — Les zones climatiques — Le monde

Les zones climatiques

Sur notre planète, on peut définir 3 grandes zones climatiques :

1) la zone <u>chaude</u> qui se situe autour de l'équateur, entre les tropiques du Cancer et du Capricorne. On l'appelle aussi la zone intertropicale.

2) Les zones <u>froides</u> qui se situent autour des pôles Nord et Sud.

3) Les zones <u>tempérées</u> qui se situent dans l'hémisphère Nord et Sud.

Dans chacune de ces zones, il existe plusieurs climats caractérisés par leurs températures et leurs précipitations (pluies...)

1 Sur la carte ci-dessous

Colorie en rouge la zone chaude, en vert les zones tempérées et en bleu les zones froides.

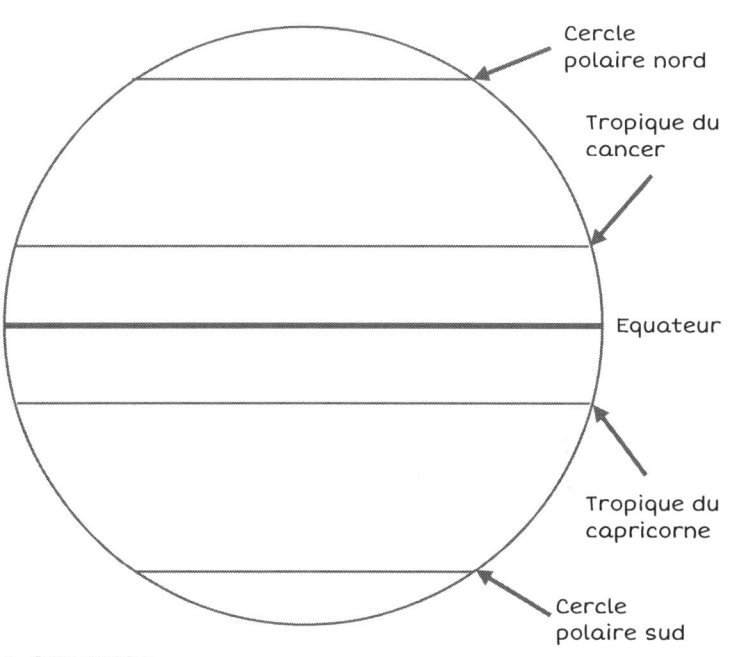

- Cercle polaire nord
- Tropique du cancer
- Equateur
- Tropique du capricorne
- Cercle polaire sud

2 Ecris la zone dans laquelle se trouvent ces paysages.

Les 3 climats de la zone chaude

1) <u>Le climat tropical</u>, situé au niveau des tropiques est un climat chaud qui possède deux saisons, une saison des pluies et une saison sèche. Les températures, elles, sont supérieures à 20°C toute l'année.

2) <u>Le climat équatorial</u>, situé au niveau de l'équateur, est un climat chaud qui ne comporte qu'une saison avec des pluies abondantes et des températures supérieures à 20° toute l'année.

3) <u>Le climat désertique</u> est caractérisé par une chaleur très forte et une absence de précipitations.

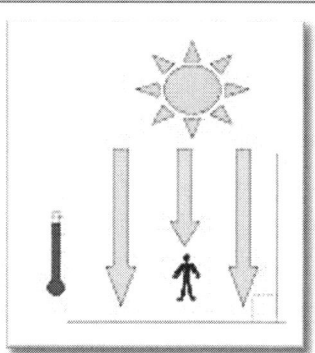

Dans la zone chaude, les rayons du soleil frappent la terre perpendiculairement, il fait chaud toute l'année.

G2 — Les zones climatiques

Le monde

Les trois climats de la zone tempérée

Chacun de ces trois climats possède 4 saisons que nous connaissons : l'hiver, le printemps, l'été et l'automne.

1) **Le climat océanique** : il concerne les régions proches de l'océan. Celui-ci adoucit les températures ; elles sont moins chaudes en été et moins froides en hiver. L'océan apporte aussi l'humidité et des précipitations.

2) **Le climat continental** : il concerne les régions situées à l'intérieur des continents. Les températures y sont plus chaudes l'été et très froides l'hiver.

3) **Le climat méditerranéen** : il est situé surtout autour de la mer Méditerranée (mais on le trouve aussi dans d'autres régions du monde), se caractérise par des étés très chauds et très secs et des hivers doux.

3 Vrai ou faux ?

La zone chaude comporte trois climats.	
La zone tempérée est celle dans laquelle nous habitons.	
Il pleut plus dans le climat tropical que dans le climat continental.	
Parmi les trois climats de la zone tempérée, c'est dans le climat océanique qu'il fait le plus froid.	

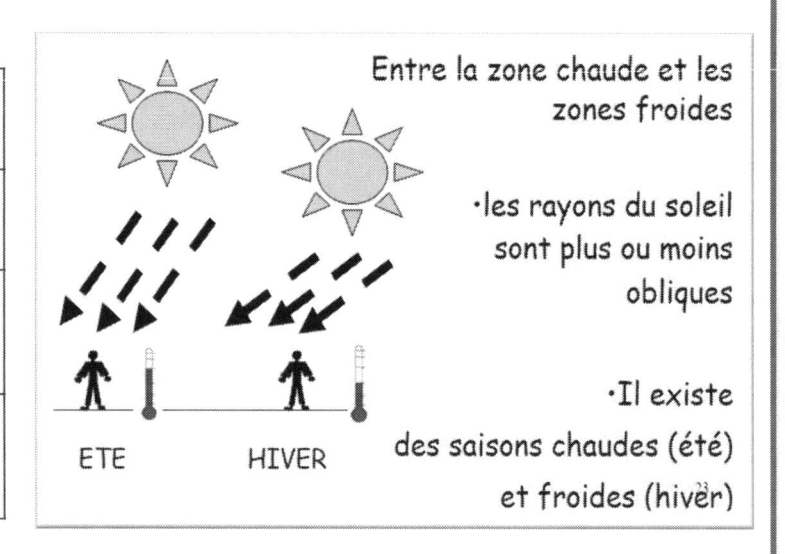

Entre la zone chaude et les zones froides

- les rayons du soleil sont plus ou moins obliques
- Il existe des saisons chaudes (été) et froides (hiver)

ETE — HIVER

Les climats de la zone froide

1) **Le climat polaire**, situé dans la zone froide, autour des pôles nord et sud, a des températures extrêmement froides toute l'année.

2) **Le climat montagnard**, situé dans les zones de montagnes est proche du climat polaire.

4 Réponds aux questions

1) Pourquoi fait-il toujours chaud autour de la zone chaude ?
_____
_____

2) Dans la zone tempérée, comment sont les rayons du soleil en été par rapport à l'hiver ?
_____
_____

3) Quel est le point commun entre les 3 climats de la zone tempérée ? _____

G2 — Les zones climatiques — Le monde

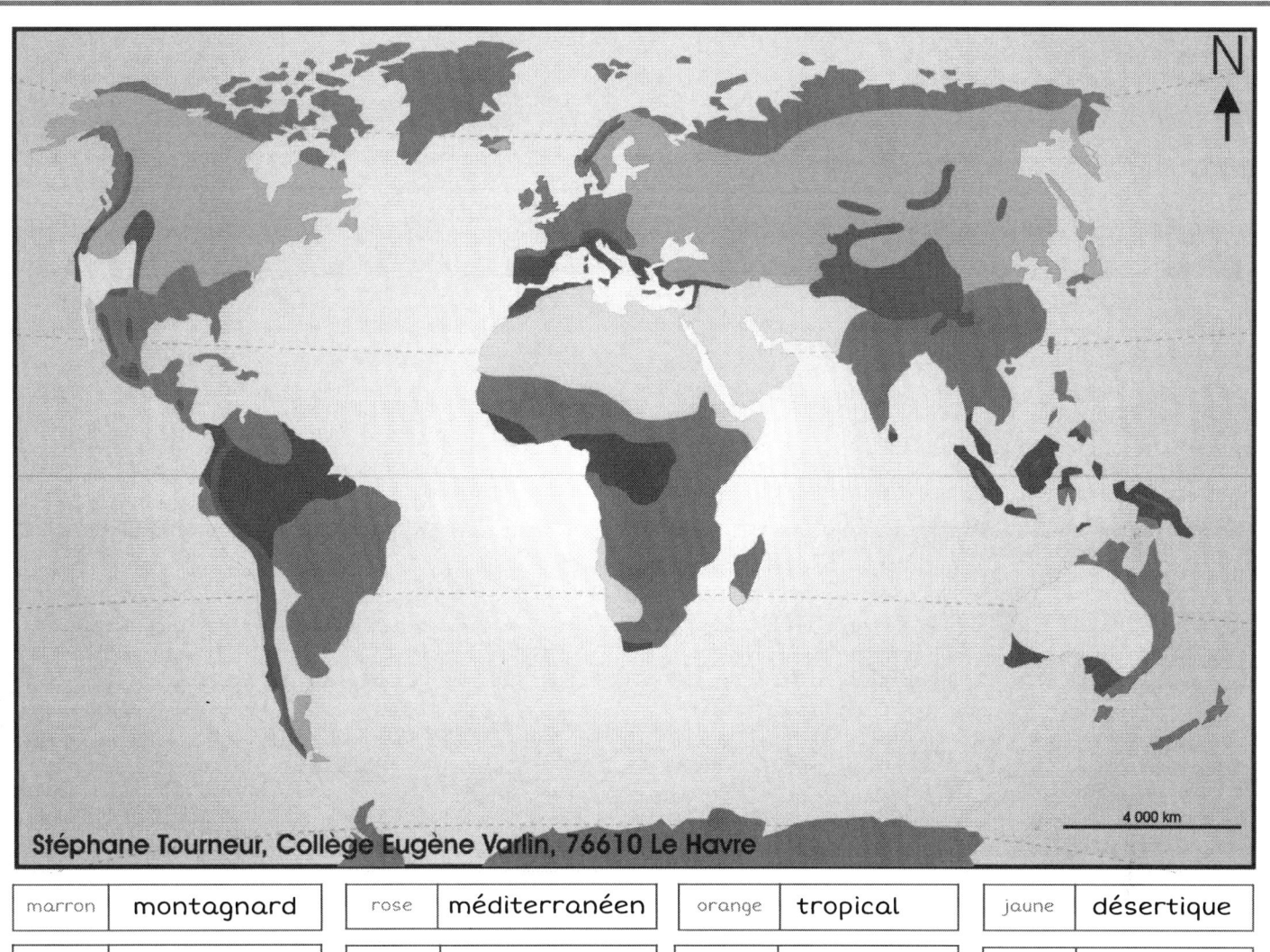

marron	montagnard		rose	méditerranéen		orange	tropical		jaune	désertique
violet	polaire		turquoise	continental		vert	océanique		rouge	équatorial

5 Fais des recherches, aide-toi de la carte et complète le tableau.

	Zone climatique	Climat	Continent
Paris (France)			
Moscou (Russie)			
Bangkok (Thaïlande)			
Madrid (Espagne)			
Le Caire (Egypte)			
Juneau (Alaska)			
Sydney (Australie)			
Nairobi (Kenya)			

G2 - Les zones climatiques

Le monde

Des paysages très variés d'un climat à l'autre

La variété des climats permet une grande variété des paysages végétaux.
La végétation est absente en très haute montagne, dans les déserts et dans les régions couvertes de glaces.
La forêt et la prairie sont présentes dans les régions tempérées.
Dans les régions équatoriales où il fait très humide on trouve des forêts denses.
Dans les régions tropicales, se trouve la savane où les arbres sont rares et les herbes sèches.

Enfin, dans les régions désertiques, il y a les déserts sous forme de sable ou de roches sans aucune végétation

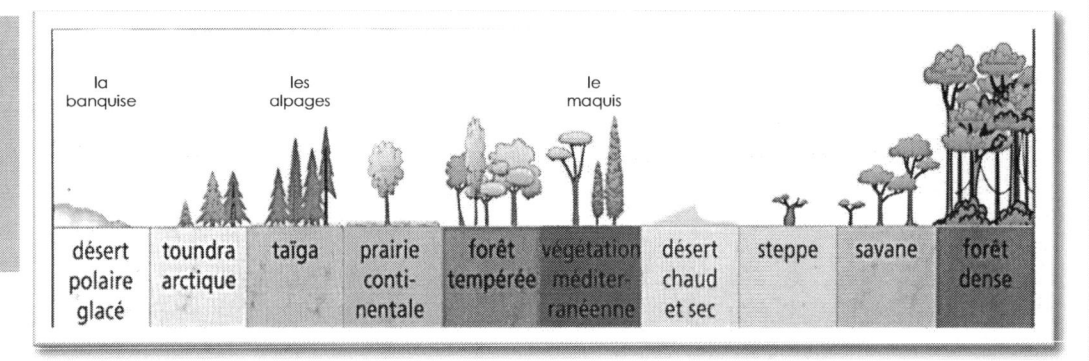

la banquise | les alpages | le maquis

désert polaire glacé | toundra arctique | taïga | prairie continentale | forêt tempérée | végétation méditerranéenne | désert chaud et sec | steppe | savane | forêt dense

6 Légende les images en indiquant la zone dans laquelle elle se trouve et son climat

La savane :
Zone : _____
Climat : _____

Le banquise :
Zone : _____
Climat : _____

Le désert :
Zone : _____
Climat : _____

Les alpages :
Zone : _____
Climat : _____

Le maquis :
Zone : _____
Climat : _____

Le forêt dense, la jungle :
Zone : _____
Climat : _____

G2 — Les zones climatiques — Le monde

LEÇON

LES TROIS GRANDES ZONES :

Sur notre planète, on peut définir 3 grandes zones climatiques :

1) la zone _____ qui se situe autour de _____, entre les tropiques. On l'appelle aussi la zone _____.

2) Les zones _____ qui se situent autour des pôles Nord et Sud.

3) Les zones _____ qui se situent dans l'hémisphère Nord et Sud.

LES DIFFÉRENTS CLIMATS

1) Le climat _____, au niveau des tropiques, deux saisons, températures élevées toute l'année.

2) Le climat _____, au niveau de l'équateur, une saison, pluies abondantes, températures élevées toute l'année.

3) Le climat _____ : chaleur très forte, absence de précipitations.

4) Le climat _____ : régions proches de l'océan qui adoucit les températures.

5) Le climat _____ : régions situées à l'intérieur des continents, températures chaudes l'été, très froides l'hiver.

6) Le climat _____ : Autour de la mer Méditerranée (mais on le trouve aussi dans d'autres régions du monde), étés très chauds et très secs et hivers doux.

7) Le climat _____ : zone froide, températures extrêmement froides.

8) Le climat _____ : les zones de montagnes, proche du climat polaire.

Paysage de savane, zone chaude, climat tropical

Climats tempérés :
* méditerranéen
* continental
* océanique

Climats chauds :
* tropical
* désertique
* équatorial

climats froids :
* de montage
* polaire

Zone polaire
Zone tempérée
Zone chaude
Zone chaude
Zone tempérée
Zone polaire

G3 — La population mondiale

Le monde

L'inégale répartition de la population

Environ 7 milliards de femmes et d'hommes vivent à la surface de la Terre et s'y répartissent de façon inégale. En effet, la population mondiale, en constante augmentation, n'occupe qu'un cinquième des terres émergées.

Trois grands foyers de peuplement représentent à eux seuls la moitié de l'humanité (Doc 1) : l'Asie orientale avec la Chine, l'Asie du Sud avec l'Inde et l'Europe. D'autres zones sont aussi très peuplées : les grandes villes des Etats-Unis, du Brésil et de la côte ouest de l'Afrique.

La densité* moyenne de la population est de 45 habitants au km^2.

Le nombre d'habitants diminue au fur et à mesure que l'altitude augmente et que l'on s'éloigne des côtes. Les régions polaires, les déserts, la forêt équatoriale sont pratiquement vides d'hommes.

Doc 1 : planisphère des densités de population et des grandes agglomérations

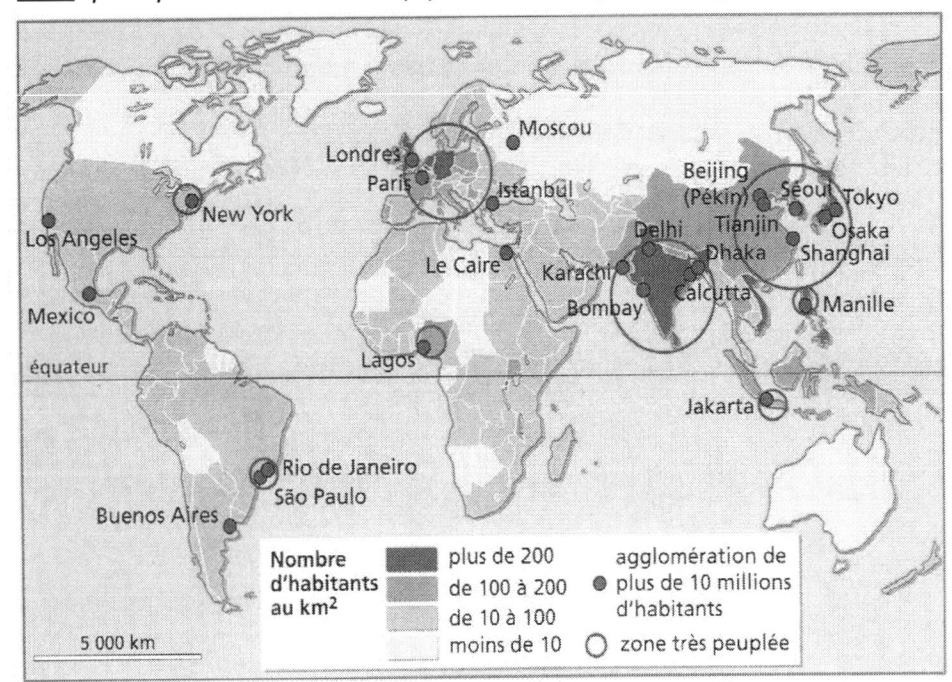

Nombre d'habitants au km² :
- plus de 200
- de 100 à 200
- de 10 à 100
- moins de 10
- agglomération de plus de 10 millions d'habitants
- ○ zone très peuplée

1 Observe la carte

1) Cite 6 villes faisant partie des plus peuplées.
_____
_____
_____

2) Cite les endroits les moins peuplés.
_____
_____

Pourquoi à ton avis, ces régions sont-elles vides d'hommes ?
_____

2 Complète le schéma ci-contre

L'Asie, avec plus de 3 milliards d'habitants est le continent le plus peuplé.

Viennent ensuite dans l'ordre L'Amérique, l'Afrique, l'Europe et l'Océanie.

Que peux-tu dire de la population de l'Afrique et de l'Europe ?
_____

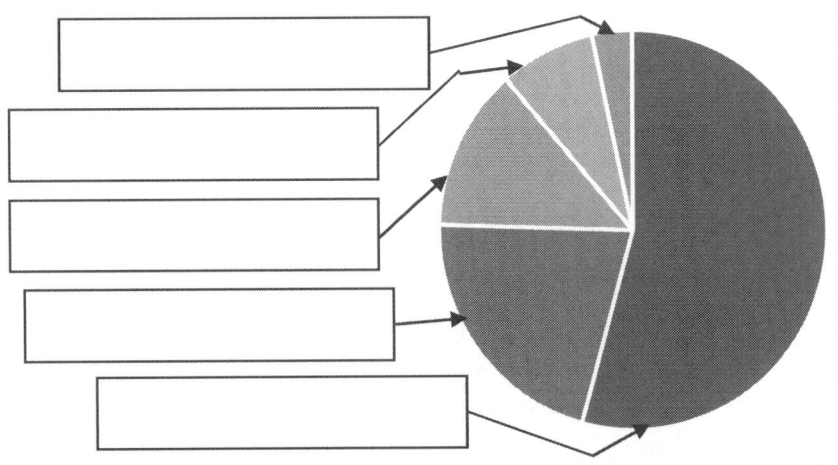

G3 La population mondiale — Le monde

De plus en plus d'habitants sur terre

Vers 1800, il n'y avait qu'1 milliard d'hommes sur Terre. Au XXème siècle, on parle d'explosion démographique* : la croissance de la population mondiale s'est brusquement accélérée car la mortalité* a baissé et la natalité* est devenue ainsi très supérieure à celle-ci.

Chaque année, il y a 90 millions de Terriens en plus. Cette croissance pose des problèmes pour nourrir les hommes leur donner du travail, maintenir l'équilibre entre une nature fragile et des habitants de plus en plus nombreux.

Doc 2 : Evolution de la population mondiale

Population mondiale (en milliards d'habitants) : 1950 : 2,5 ; 1970 : 3,7 ; 1990 : 5,2 ; 2010 : 7 ; 2025 : 8,2 ; 2050 : 9,8

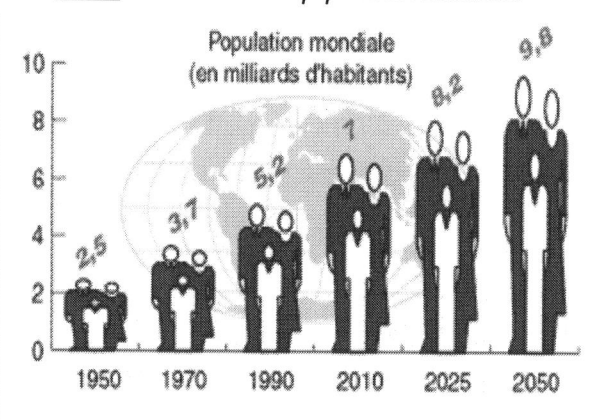

Doc 3 : taux de natalité et de mortalité mondiaux

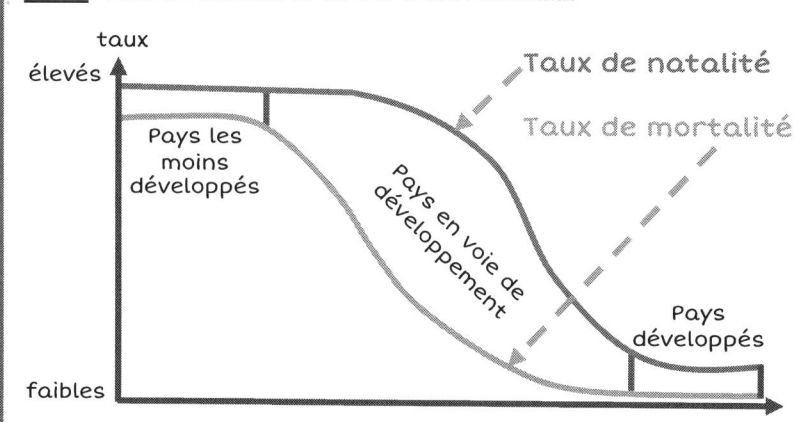

(graphique : taux de natalité et taux de mortalité — Pays les moins développés / Pays en voie de développement / Pays développés)

3 Vrai ou faux ?

1) Dans les pays développés, le taux de mortalité est un peu plus faible que le taux de natalité.	
2) Le nombre d'habitants sur Terre est d'environ 8 milliards.	
3) La population a commencé à beaucoup augmenter à partir du XXème siècle.	
4) On estime qu'en 2050 il y aura 8,2 milliards d'habitants.	

4 Observe le schéma ci-contre et réponds aux questions

1) Nomme les régions du monde dont la population a le plus augmenté depuis 1960.

_____
_____

2) Combien y avait-il d'habitants dans le monde en :

* 1810 : _____   * 1900 : _____

* 1960 : _____   * 2000 : _____

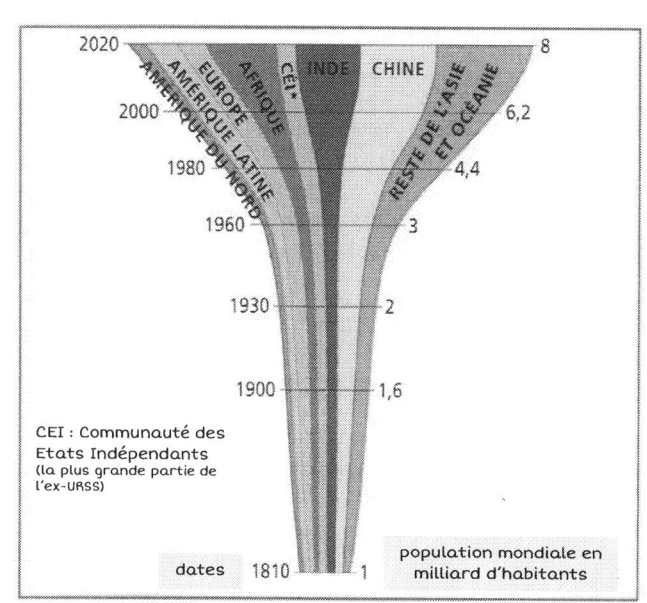

Doc 4 : Evolution de la population mondiale par continents ou pays

(graphique : 1810 : 1 ; 1900 : 1,6 ; 1930 : 2 ; 1960 : 3 ; 1980 : 4,4 ; 2000 : 6,2 ; 2020 : 8 — Afrique, CEI*, Europe, Amérique du Nord, Amérique Latine, Inde, Chine, Reste de l'Asie et Océanie)

CEI : Communauté des Etats Indépendants (la plus grande partie de l'ex-URSS)

population mondiale en milliard d'habitants

5 Réponds à la question

De combien la population mondiale augmente-t-elle chaque année ? _____

G3 — La population mondiale — Le monde

LEÇON

L'INÉGALE RÉPARTITION DE LA POPULATION

Environ ___ milliards de personnes vivent à la surface de la Terre et s'y répartissent de façon _____. En effet, la population mondiale n'occupe qu'un _____ des terres émergées.

Trois grandes _____ de peuplement représentent à eux seuls la moitié de l'humanité : la _____, l'_____ et l'_____. La densité y est très élevée.

D'autres zones sont aussi très _____ : les grandes villes des Etats-Unis, du Brésil et de la côte ouest de l'Afrique.

Il y a _____ d'habitants en altitude et loin des côtes. Les régions _____, les _____, la _____ équatoriale sont pratiquement vides d'hommes, car il y fait soit trop _____ soit trop _____.

DE PLUS EN PLUS D'HABITANTS SUR TERRE

Vers 1800, il n'y avait qu'_____ d'hommes sur Terre. Au ___ème siècle, on parle d'explosion démographique* : la croissance de la population mondiale s'est brusquement accélérée car la mortalité* a baissé et la natalité* a augmenté.

Chaque année, il y a ____ millions de Terriens en plus. Cette croissance pose des problèmes pour _____ les hommes, leur donner du _____, maintenir l'équilibre entre une nature fragile et des habitants de plus en plus nombreux.

Lexique

Densité : Nombre d'habitants vivant dans un espace carré de 1 km de côté.

Mortalité : Nombre de décès.

Natalité : Nombre de naissances.

Explosion démographique : Augmentation très forte de la population.

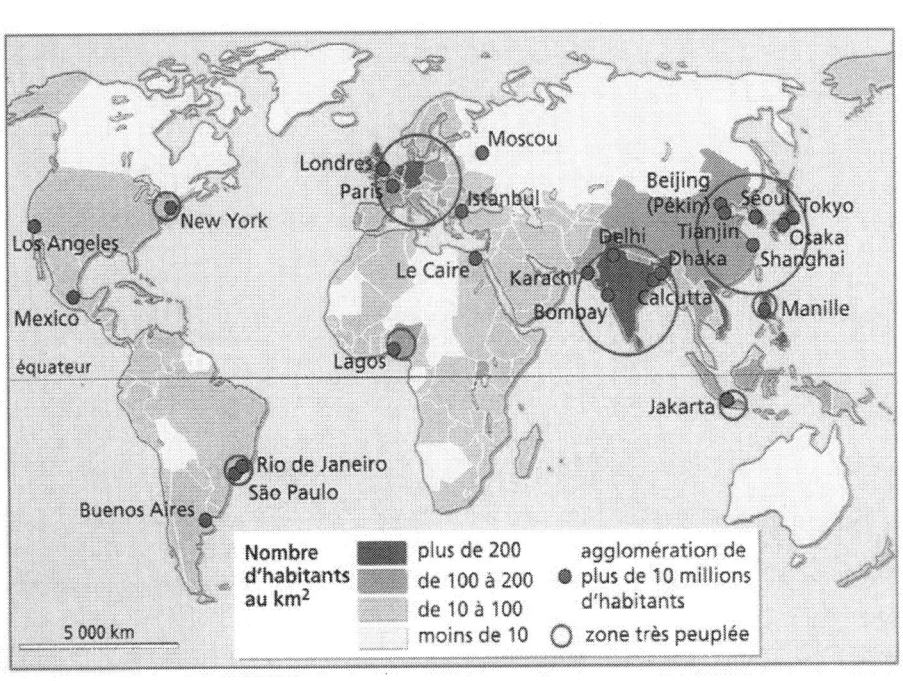

Carte : Nombre d'habitants au km² — plus de 200 / de 100 à 200 / de 10 à 100 / moins de 10 ; agglomération de plus de 10 millions d'habitants ; zone très peuplée.

G4 — Les grandes villes du monde

Le monde

La croissance des villes

Depuis une quarantaine d'années, la population urbaine est en rapide accroissement : les villes sont de plus en plus grandes.

Actuellement, une personne sur deux, vit en ville. En Europe, en Amérique du Nord et au Japon, les citadins représentent 3 habitants sur 4. Dans ces pays, les villes s'agrandissent par banlieues* et forment des agglomérations*.

Doc 1 : les 30 plus grandes agglomérations du monde en 2023

RANG	CONTINENT	VILLE	PAYS	POPULATION
1	Asie	Tokyo	Japon	37 millions
2	Asie	Delhi	Inde	30 millions
3	Asie	Shanghai	Chine	27 millions
4	Amérique	Sao Paulo	Brésil	22 millions
5	Amérique	Mexico	Mexique	22 millions
6	Asie	Dhaka	Bangladesh	21 millions
7	Afrique	Le Caire	Egypte	21 millions
8	Asie	Pékin	Chine	20 millions
9	Asie	Bombay	Inde	20 millions
10	Asie	Osaka	Japon	19 millions
11	Amérique	New-York / Newark	Etats-Unis	19 millions
12	Asie	Karachi	Pakistan	16 millions
13	Asie	Chongqing	Chine	15 millions
14	Asie	Istanbul	Turquie	15 millions
15	Amérique	Buenos Aires	Argentine	15 millions
16	Asie	Calcutta	Inde	15 millions
17	Afrique	Lagos	Nigéria	14 millions
18	Afrique	Kinshasa	Rep. Dem. Congo	14 millions
19	Asie	Manille	Philippines	14 millions
20	Asie	Tianjin	Chine	14 millions
21	Amérique	Rio de Janeiro	Brésil	13 millions
22	Asie	Guangzhou	Chine	13 millions
23	Asie	Lahore	Pakistan	13 millions
24	Europe	Moscou	Russie	13 millions
25	Asie	Shenzhen	Chine	12 millions
26	Asie	Bangalore	Inde	12 millions
27	Europe	Paris	France	11 millions
28	Amérique	Bogotá	Colombie	11 millions
29	Asie	Chennai	Inde	11 millions
30	Amérique	Comté de Los Angeles	Etats-Unis	10 millions

1 Réponds aux questions :

1) Quelle est la plus grande ville du monde ?
_____

2) Ecris les villes européennes et leur rang.
_____

3) Dans quels pays se trouvent :

* New-York et Los Angeles : _____

* Delhi : _____

* Sao Paulo : _____

2 Ecris le nombre d'habitants des villes suivantes en t'aidant du document 1

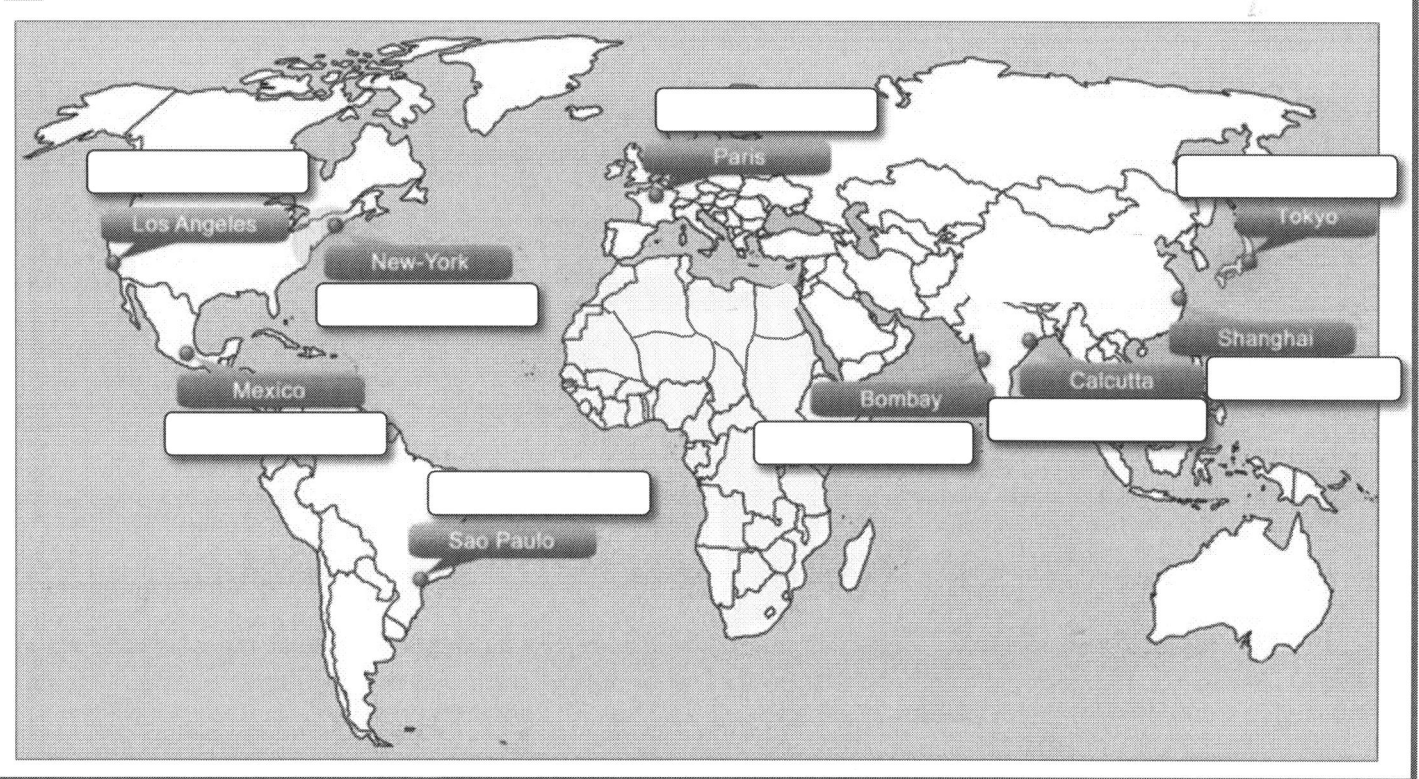

G4 — Les grandes villes du monde

Le monde

Les grandes agglomérations

Les plus grandes agglomérations, les métropoles*, dépassent 1 million d'habitants, une quinzaine dépassent 10 millions d'habitants. Certaines sont devenues des villes géantes : Tokyo, Séoul, Mexico, New York, Bombay ou Sao Paulo. Aux Etats-Unis au Japon et en Europe, certaines villes se rejoignent et forment des mégalopoles*.

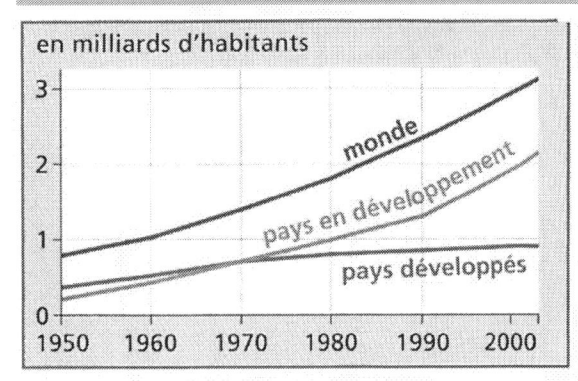

Doc 3 : évolution de la population urbaine dans le monde

POPULATION DE L'AGGLOMÉRATION (EN MILLIONS D'HABITANTS)

En 1975	
Tokyo (Japon)	26,6
New-York (Etats-Unis)	15,9
Paris (France)	8,6
Londres (Royaume-Uni)	7,5
Shanghaï (Chine)	7,3

En 2018	
Tokyo (Japon)	42,8
New-York (Etats-Unis)	20,1
Paris (France)	10,7
Londres (Royaume-Uni)	8,9
Shanghaï (Chine)	27,8

Doc 4 : tableau de 5 des plus grandes villes du monde en 1975 et en 2018

3 Observe les documents 3, 4 et 5

1) A partir de quelle année la population urbaine des pays développés s'est-elle stabilisée ? (c'est-à-dire qu'elle n'a presque plus augmenté) _____

2) Comment était la population des pays en développement par rapport à la celle des pays développés en 1950 ? _____

3) Quelle est la ville dont la population a le plus augmenté entre 1975 et 2018 ? _____

4 Vrai ou faux ?

1) Depuis 20 ans les villes sont de plus en plus grandes.	
2) La ville et la banlieue forme une agglomération.	
3) En Europe 1 habitant sur 2 vit en ville.	
4) Les métropoles sont les plus grandes agglomérations.	
5) 15 villes dans le monde dépassent 1 million d'habitants.	

Doc 5 : Une foule au cœur de Hong Kong (Chine).

G4 — Les grandes villes du monde

Le monde

La croissance des villes : Tokyo

Au japon, plus de 3 habitants sur 4 vivent dans les villes. On compte 37,7 millions d'habitants dans la région de Tokyo en 2013.

Cette agglomération est l'une des plus polluées du monde à cause des gaz d'échappement des voitures, des fumées des usines et du chauffage urbain.

Les deux tiers de la ville n'ont pas d'égouts et les rivières reçoivent les eaux usées et les produits chimiques de toute sorte.

La faune et la flore aquatiques ont péri dans les cours d'eau et dans la baie de Tokyo.

5 *Lis le texte et réponds aux questions*

1) Combien de personnes vivent dans la région de Tokyo ? _____

2) Par quoi l'air est-il pollué ? _____

3) Recopie la phrase où l'on dit que les poissons et les plantes ont disparu des rivières.

_____

Doc 6 : un bidonville en Inde à Bombay

Le problème des grandes villes

Les villes attirent les populations. Dans les pays pauvres, les ruraux quittent la campagne en espérant trouver une vie meilleure à la ville : c'est l'exode rural. Mais les villes qui les accueillent manquent d'eau potable, d'hôpitaux et d'écoles. La majorité de la population n'a pas de travail et vit dans des quartiers insalubres faits de baraques en planches et en tôles : la pauvreté urbaine grandit. Cependant, à cause de l'accroissement de la population mondiale et surtout de la population urbaine, le nombre d'habitant des bidonvilles est en augmentation. Un milliard de personnes sur la planète vivaient dans des bidonvilles* en 2008 et les prévisions sont de deux milliards pour 2030.

6 *Réponds aux questions :*

1) En quoi sont construites les habitations dans les bidonvilles ?

_____

2) Pourquoi les gens des campagnes viennent-ils s'installer en ville ?

_____

3) Comment s'appelle ce phénomène ? _____

4) De quoi manquent les villes pauvres pour accueillir toutes ces personnes ?

_____

5) Combien de personnes vivaient dans ces quartiers en 2008 ? _____

Combien devrait-il en avoir en 2030 ? _____

G4 - Les grandes villes du monde

Le monde

LEÇON

LA CROISSANCE DES VILLES

Depuis une _____ d'années, la population _____ est en rapide _____ : les villes sont de plus en plus _____.

Actuellement, une personne sur deux vit en _____. En Europe, en Amérique du Nord et au Japon, les citadins représentent ___ habitants sur ___. Dans ces pays, les villes s'agrandissent par _____* et forment des _____*.

LES GRANDES AGGLOMÉRATIONS

Les plus grandes agglomérations, les _____*, dépassent ___ million d'habitants, une _____ dépassent ____ millions d'habitants. Certaines sont devenues des villes _____ : Tokyo, Séoul, Mexico, New York, Bombay ou Sao Paulo. Aux Etats-Unis au Japon et en Europe, certaines villes se rejoignent et forment des _____*.

LE PROBLÈME DES GRANDES VILLES

Dans les pays pauvres, les ruraux quittent la campagne en espérant trouver une vie meilleure à la ville : c'est _____ _____. Mais ces villes manquent d'eau potable, d'hôpitaux et d'écoles. La majorité de la population vit dans une grande pauvreté. ___ _____ de personnes sur la planète vivaient dans des _____* en 2008 et les prévisions sont de ___ _____ pour 2030.

Lexique

Banlieue : communes autour d'une ville qui forment avec elle un ensemble.

Agglomération : une ville et sa banlieue

Métropole : très grande agglomération

Bidonville : partie défavorisée d'une ville caractérisée par des logements très insalubres, une grande pauvreté et sans aucun droit ou sécurité foncière

Mégalopole : région urbaine de très grande dimension qui regroupe plusieurs agglomérations

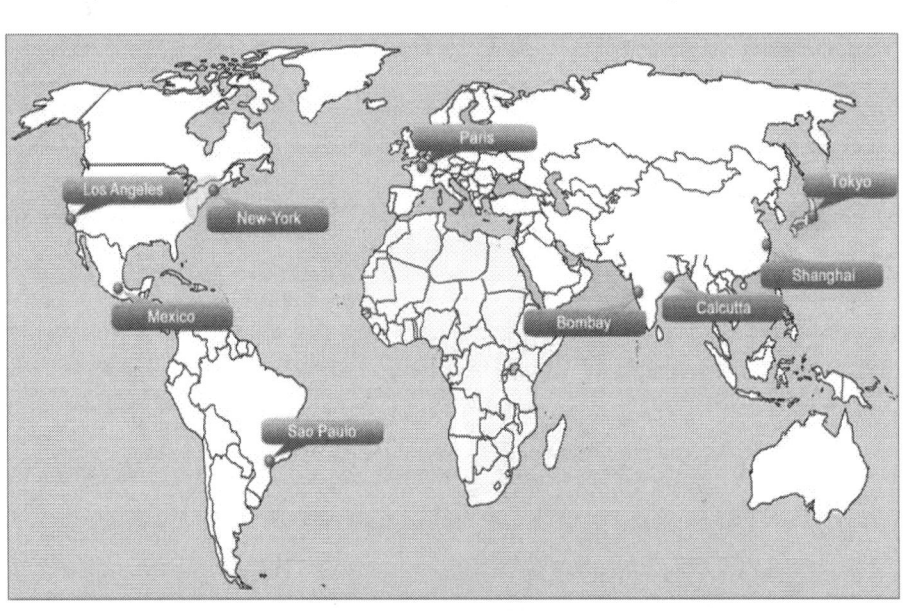

Je dois connaître par cœur le nom de ces 9 plus grandes villes du monde, savoir les écrire sans erreur et les situer sur un planisphère

G5 — Se déplacer

Le monde

1 Se déplacer en ville

1 **Question :** Quel(s) moyen(s) de transport utilises-tu pour venir à l'école le matin ?

_____

2 Remplis le tableau ci-dessous avec les réponses de tes camarades

Transports						
Nombre d'élèves						

3 Observe le document et réponds aux questions

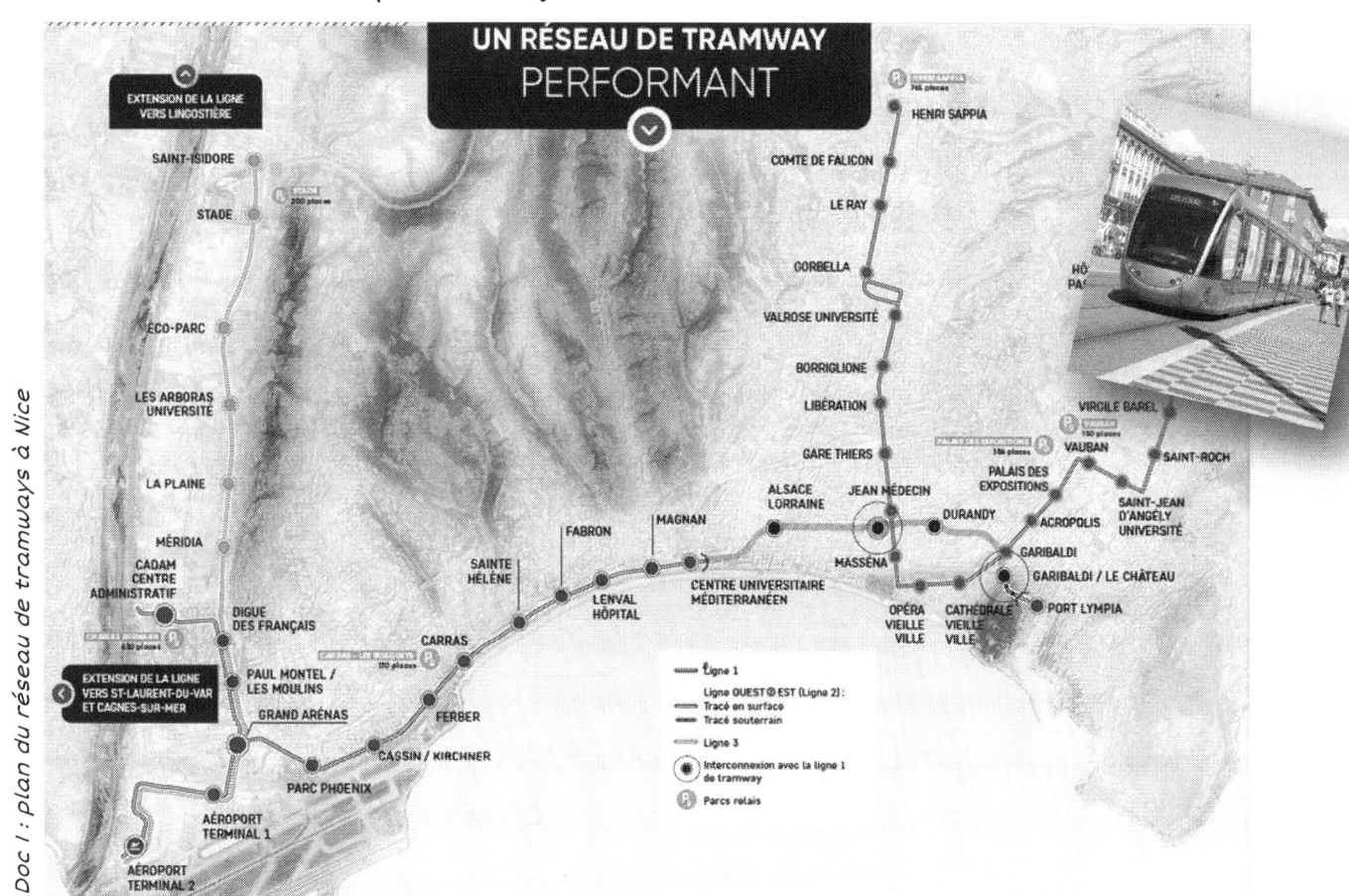

Doc 1 : plan du réseau de tramways à Nice

De quel type de document s'agit-il ?

_____

Pour quel moyen de transport ?

_____

Quelle ligne dois-tu emprunter pour aller de la place Massena à l'aéroport ?

_____

Que dois-tu faire pour aller de Gorbella à l'hôpital Lenval ?

_____

G5 — Se déplacer — Le monde

4 A l'aide des deux documents, réponds aux questions

Tous les modes de transport sur un seul site

Situé à proximité de l'aéroport et de l'Arénas, le pôle multimodal Nice Saint-Augustin-Aéroport regroupera à terme une gare ferroviaire (trains et TGV vers Paris, Marseille ou l'Italie), une gare routière (autobus urbains et interurbains), une liaison directe vers le centre-ville de Nice via le tramway, des stations de vélos (Vélo bleu) et de voitures électriques (Auto bleue), des parkings-relais...
Cette infrastructure occupera 90 000 m2.

Elle offrira à ce nouveau quartier d'affaires une accessibilité exceptionnelle. Le pôle sera directement connecté à l'aéroport international et au réseau des futurs pôles multimodaux de l'Eco-Vallée.
Le pôle facilitera ces nouvelles pratiques de transport et de déplacements, alternatives "au tout voiture". La priorité accordée aux transports en commun et aux modes dits actifs ou doux (la marche et le vélo), vise aussi à réduire les émissions de gaz à effet de serre suivant ainsi les politiques du Grenelle de l'Environnement.

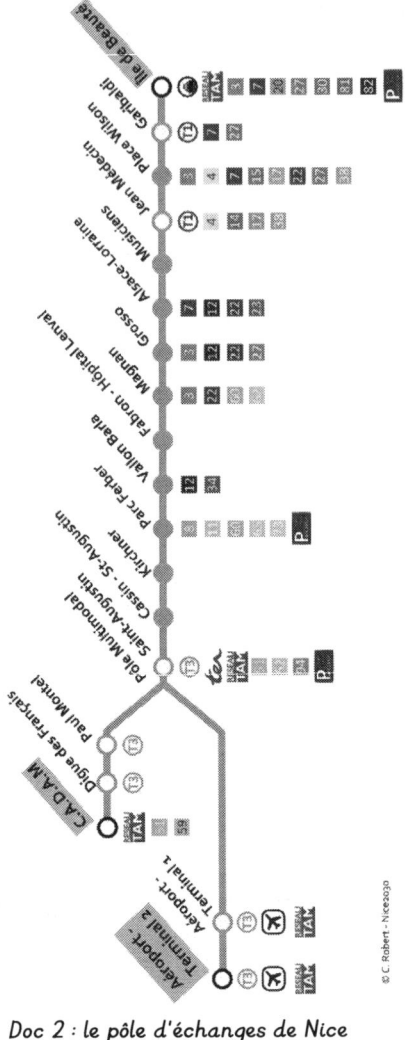

Doc 2 : le pôle d'échanges de Nice Saint-Augustin-Aéroport

Quels moyens de transport seront réunis dans le pôle multimodal de Nice Saint-Augustin-Aéroport ?
_____

Qu'est-ce qu'un pôle multimodal (ou pôle d'échanges) ?
_____
_____

A l'aide du document 3, indique quelles lignes de bus tu pourras emprunter à cette station ?
_____

Pourquoi dit-on que le pôle multimodal appartiendra à une Eco-vallée ?
_____

G5 — Se déplacer — Le monde

5 À l'aide des documents, cite les avantages et les inconvénients des différents modes de transport quotidiens

```
0    🚶🚴
190  🚆
434  🚌
495  🏍
843  🚗
1685 🚗
```

Comparaison des émissions de gaz à effet de serre selon les modes de déplacements pour un trajet domicile-travail moyen de 13km sur un an.
Source : ADEME
Doc 3

Bulle : « LE CASQUE, C'EST POUR ME PROTÉGER DU BRUIT ! »

Doc 4 : les avantages et les inconvénients des transports en ville

Un manque d'infrastructures

Il y a plus de 25 ans, Villeneuve Loubet créait la première piste cyclable des Alpes-Maritimes. Elle est aussi deuxième ville où il y a le plus de kilomètres de pistes cyclables après Nice dans le département. Tout semble rouler pour le vélo pourtant, le département est en retard. Près de 400 km dans les Alpes-Maritimes quand les Bouches-du-Rhône en comptent près de 1000 et le Var plus de 600.

L'aménagement des pistes cyclables du département reste difficile, principalement à cause du relief et de la densité de la circulation.

Modes de transport	Avantages	Inconvénients

G5 — Se déplacer

Le monde

2. Se déplacer à la campagne

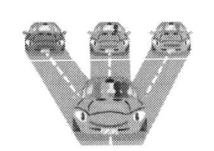

Réponds aux questions.

1) Que constates-tu sur la carte (doc5) ?

2) Comment se déplace-t-on à la campagne ?

3) Que vois-tu sur cette image ?

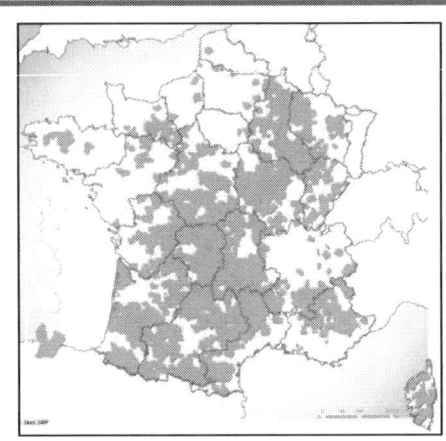

Doc 5 : Carte des zones rurales en France

3. Se déplacer en région et en

Doc 6 : Commerce itinérant en Charente-Maritime

Le covoiturage est l'utilisation conjointe et organisée (à la différence de l'auto-stop) d'une voiture automobile, par un conducteur non professionnel et un ou plusieurs tiers passagers, dans le but d'effectuer un trajet commun.

Il est né dans les années 1950 et depuis les années 1980, il représente une alternative de transport, qui s'étend dans le monde occidental. Internet a beaucoup contribué à l'émergence de cette pratique de transport en facilitant les contacts entre conducteurs et passagers. Il procure des avantages individuels (partager les dépenses de carburant et de maintenance, agrémenter les voyages, développer le lien social) et collectifs (augmenter le taux de remplissage des véhicules, diminuer les embouteillages et la pollution).

1 Réponds aux questions.

1) Qu'est-ce que le co-voiturage ?

2) Quels sont ses avantages ?

Doc 7 : Aire de stationnement pour covoiturage et publicité.

G5 — Se déplacer — Le monde

La France à grande vitesse

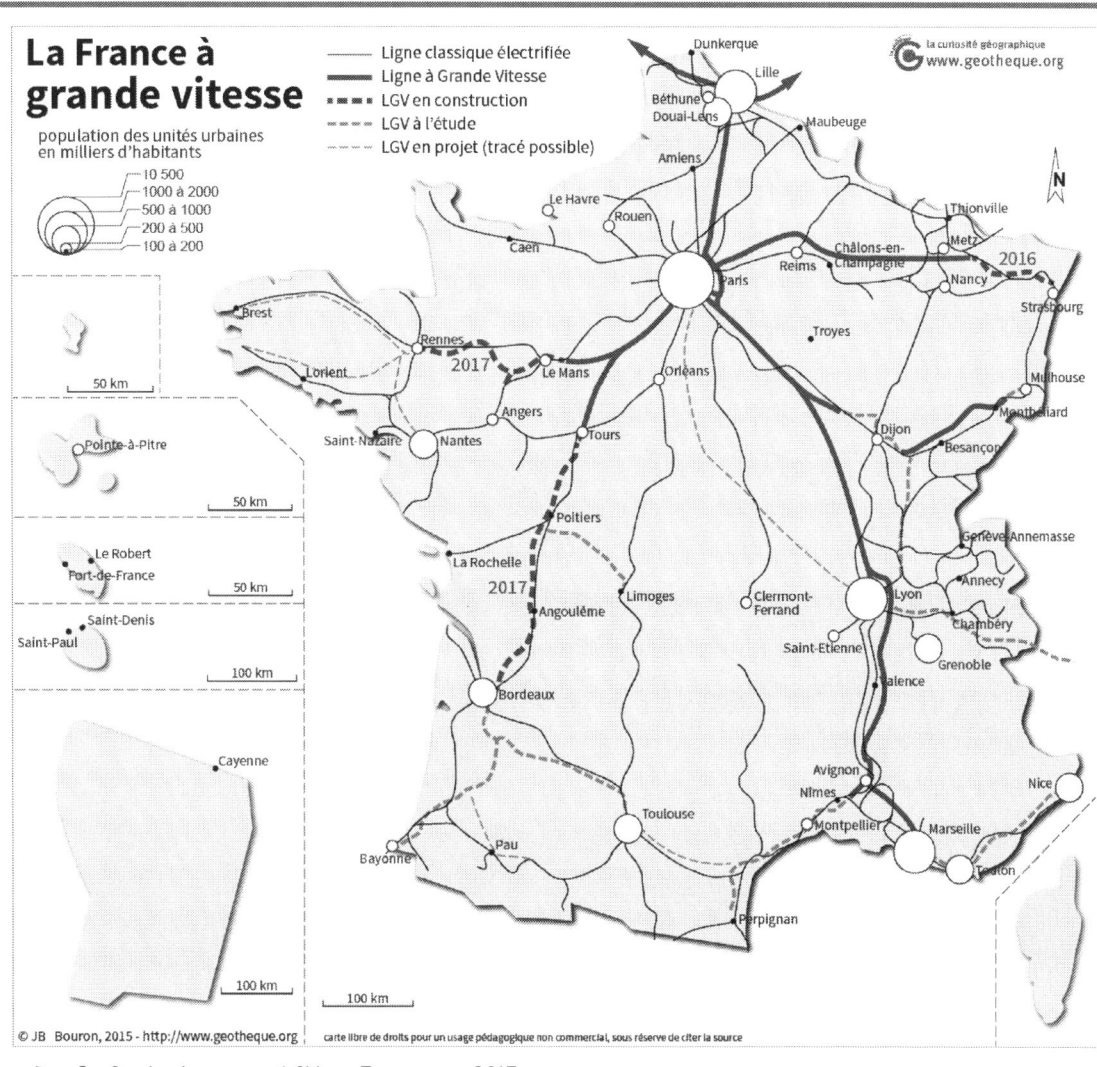

population des unités urbaines en milliers d'habitants
- 10 500
- 1000 à 2000
- 500 à 1000
- 200 à 500
- 100 à 200

Légende :
- Ligne classique électrifiée
- Ligne à Grande Vitesse
- LGV en construction
- LGV à l'étude
- LGV en projet (tracé possible)

LGV : ligne à grande vitesse qui permettent aux TGV de se déplacer à plus de 300 km/h.

TGV : train à grande vitesse

Réseau : ensemble de lignes ou éléments qui communiquent ou s'entrecroisent.

Doc 8 : Carte du réseau LGV en France en 2015

Il est très facile de voyager en train vers la France, car le pays est parfaitement desservi. Paris possède sept gares, mais Lyon, Bordeaux, Lille, Marseille et Strasbourg constituent aussi d'importants nœuds ferroviaires nationaux.

Il existe trois types de trains en France :
- Les trains à grande vitesse (TGV)
- Les intercités, qui effectuent des trajets entre les principales villes
- Les TER sont des trains régionaux qui desservent toutes les localités.

En France, le 1er TGV est mis en service en septembre 1981. Les voyageurs peuvent désormais faire le trajet Paris-Lyon, soit 460 km en 2h40 au lieu de 4h30 (environ) en voiture. Aujourd'hui, la vitesse moyenne d'un TGV est de 263km/h mais le record a été enregistré en 2007 avec 574,8 km/h !

Plus de 200 villes sont accessibles par TGV en France et 20 en Europe (dont Londres, Bruxelles et Amsterdam).

G5 — Se déplacer — Le monde

2 En t'aidant du texte précédent et du doc 8, réponds aux questions.

Que constates-tu sur le réseau LGV ?
_____
_____

Combien de villes sont accessibles par TGV ? _____
Quelle est la ville la mieux desservie par le TGV ? _____
Que va-t-il se passer prochainement entre Nice et Marseille ?
_____
_____

Quels trains circulent sur les « lignes classiques électrifiées » ?
_____

3 Question : Quel autre moyen de transport existe-t-il pour aller d'une ville à une autre lorsqu'elles sont éloignées ?
_____

4 Cite ses avantages et ses inconvénients.

Avantages	Inconvénients

G5 — Se déplacer

La France et Le monde

4 Se déplacer dans le monde

Donne le nom des villes/pays et donne une légende à chaque image. Utilise la fiche Annexe.

Pays : _____

Ville : _____

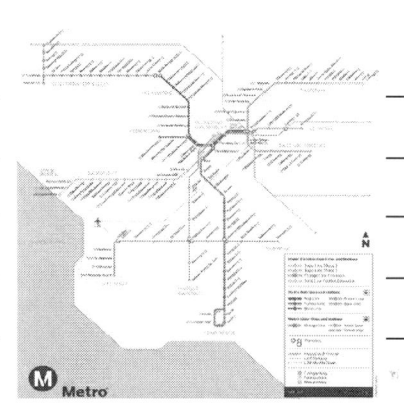

Pays : _____

Région : _____

G5 — Se déplacer

La France et Le monde

Annexe

Los Angeles est une des vingt premières villes mondiales. De très nombreuses autoroutes urbaines parcourent a ville. Aujourd'hui c'est la ville la plus « embouteillée » du pays et les pics de pollution sont très fréquents. C'est pourquoi la municipalité mène des actions pour favoriser les transports en communs et rendre la ville plus écologique.

En **Inde**, se déplacer en ville est difficile. Pour éviter les embouteillages permanents., beaucoup de gens circulent en deux roues ou en rickshaws, des sortes de vélos-taxis. Les conducteurs ne respectent pas le code de la route et il n'est pas rare de voir des vaches se promener en ville ! Les voitures de chemin de fer bondées font partie du quotidien des Indiens. Chaque jour, ils sont des milliers à voyager sur le toit des trains faute de place dans les rames.

Se déplacer dans un espace rural d'un pays pauvre comme le **Cameroun** est très difficile. Beaucoup de déplacements se font à pied. Les routes ne sont pas très nombreuses et les voitures sont rares dans les villages. Les villageois se déplacent le plus souvent comme ils peuvent, avec les moyens rudimentaires dont ils disposent (mobylettes, charrettes, pirogues, ...). De plus le mauvais état des routes rend les trajets difficiles et abîme les véhicules.

La **Russie**, la plus grande nation au monde, est frontalière de pays européens et asiatiques, ainsi que des océans Pacifique et Arctique. Ses paysages varient de la toundra aux plages subtropicales en passant par la forêt. La **Sibérie** est une vaste province russe qui inclut la majeure partie du nord de l'Asie. Le train est parfois le seul moyen pour rallier les villages isolés de Sibérie. Il est également possible de se déplacer sur le lac Baïkal en motoneige ou sur la neige en traineau, tirés par des chiens ou des rennes.

G5 - Se déplacer

La France et Le monde

LEÇON

Chaque jour, nous nous déplaçons pour de multiples raisons (aller à l'école, au travail, faire les courses...). Le mode de déplacement préféré des Français reste la _____ . Ce qui créé des _____ et de la _____. Toutefois, les villes offrent plusieurs modes de transport alternatifs comme le _____, le _____ ou encore le métro et le train dans les plus grandes villes. Elles incitent leurs habitants à privilégier ces _____ _____ _____ . Pour faciliter les déplacements, elles aménagent des _____ d'_____ (ou multimodaux) qui permettent de combiner plusieurs modes de déplacement.

En zone _____, les distances à parcourir sont parfois grandes et l'offre de transports collectifs est _____. La _____ reste le moyen de transport le plus utilisé. Elle se limite souvent à des lignes de bus qui passent beaucoup moins souvent qu'en zone _____. Dans certaines communes, des bus de proximité permettent des déplacements proches (comme le ramassage scolaire) et des commerces _____ proposent leurs services de villages en villages.

Pour les déplacements régionaux, les français préfèrent la voiture mais ils ont d'autres modes de transport à leur disposition comme le _____ et le _____ . En effet, les liaisons ferroviaires sont présentes dans toutes les régions de France mais les zones rurales sont moins bien desservies.

Pour voyager d'une ville à l'autre en France, en Europe, nous pouvons choisir le car, la voiture ou le train. Ces moyens e transport circulent sur des axes spécifiques (_____ ou _____ _____) qui se rejoignent pour former des _____ .

On peut aussi voyager en _____ . En effet, l'offre de voyage a considérablement augmenté : les vols sont très fréquents et les combinaisons diverses.

SCIENCES

S1 La diversité de la matière — La matière

1. Matière inerte minérale et matière vivante

Tout ce qui nous entoure est composé de matière : les êtres vivants, le corps et tout ce qui ne vit pas (métaux, minéraux, verre, plastique…)

On peut distinguer :
- La matière inerte ou matière non vivante : la terre, les cailloux, l'eau, l'air…
- La manière vivante : les plante, le bois des arbres…

La matière inerte ne change pas selon les températures ou le temps… alors que les matières vivantes se portent plus ou moins bien en fonction de la chaleur, du froid, de la pluie ou du soleil… Elle interagit avec le milieu (elle s'alimente, respire…)

Il existe 4 **familles** de matières :
- Les céramiques (verre, faïence …)
- Les métaux (acier, aluminium, cuivre …)
- Les matières organiques (végétaux et animaux)
- Les matières synthétiques (plastique, composite et élastique)

1 Observe les 3 images ci-dessous.

Que vois-tu sur ces images ? Dans le tableau, écris les matières que tu reconnais et entoure vivante ou inerte.

Image 1	Image 2	Image 3
Objet :	Objet :	Objet :
Matière :	Matière :	Matière :
vivante - inerte	vivante - inerte	vivante - inerte

S1 La diversité de la matière — La matière

2 La transformation de la matière

Tout objet fabriqué est composé de matière, d'origine vivante c'est-à-dire d'origine organique ou non vivante (inerte) c'est-à-dire d'origine minérale. Parfois, elle est utilisée telle qu'elle pour la fabrication d'objet, mais parfois elle est transformée.

Quand ils sont transformés, les objets peuvent être fabriqué à partir de matière naturelle, comme le coton, la laine, le bois…
Le bois peut donc être transformé pour réaliser du papier, des jouets …

2 Observe ces étapes de transformation et complète les tableaux.

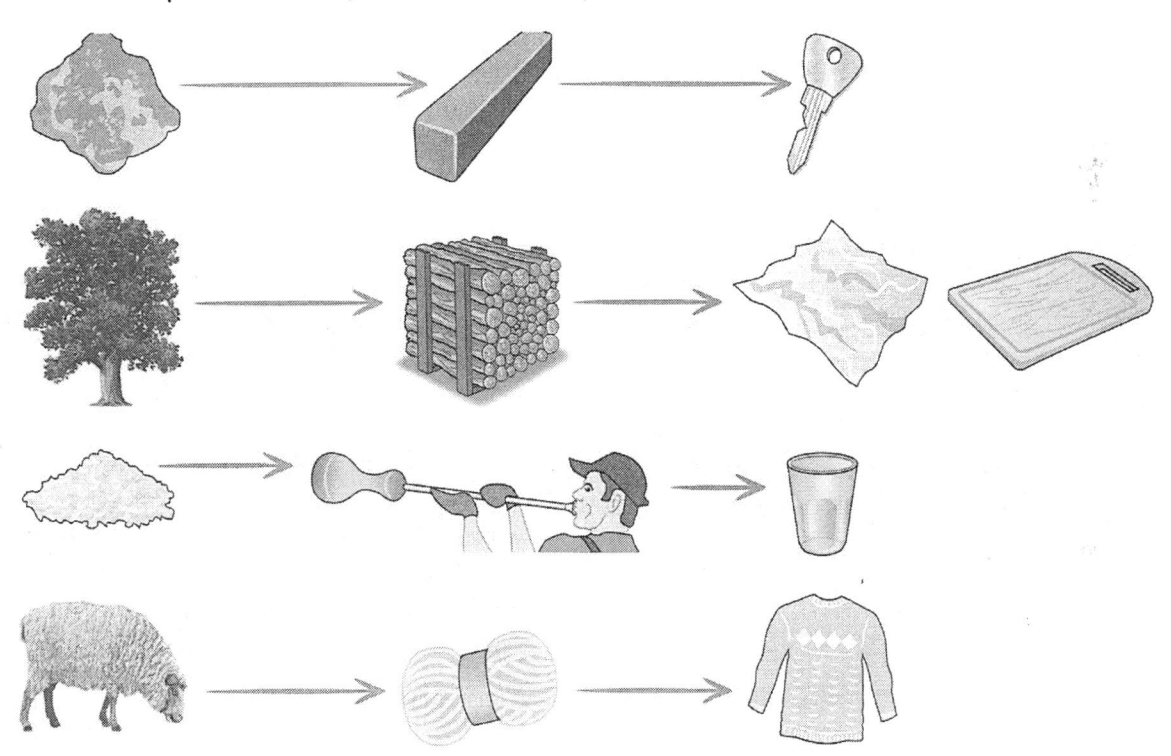

Origine naturelle de la matière	Matière transformée	Objet fabriqué
Minerai de fer	Fer fondu à haute température	………………………
………………………	Troncs coupés	Papier
………………………	………………………	Planche à découper en bois
………………………	Verre fondu à haute température	………………………
………………………	………………………	Pull-over en laine

S1 La diversité de la matière — La matière

	Origine vivante Minerai de fer	Origine non vivante Objet fabriqué		Exemple d'objet fabriqué
		Naturelle	Transformée	
plastique			x	Une règle
coton				
verre				
Laine				
Sable				
Bois				

2 Le recyclage des matériaux

Lorsque l'on a utilisé un objet, un bocal, une bouteille... nous le jetons. Mais que devient-il ensuite ? S'il est abandonné dans la nature il devient un déchet nuisible car en fonction de sa matière, il peut être très long à disparaître. En effet, alors qu'un petit morceau de papier met 4 semaines à disparaître, une canette va mettre 100 ans et une bouteille en verre 3000 ans !

C'est pourquoi il est important de recycler les objets pour qu'ils ne polluent pas l'environnement. Que peut-on faire des déchets ?

1) Le réemploi : une bouteille en verre ou des bocaux, après être lavés peuvent être réutilisés de nombreuses fois

2) L'incinération : 20 % des ordures ménagères sont brûlées. Mais le plastique incinéré provoquent des fumées nocives pour l'environnement.

3) Le recyclage : Recycler c'est transformer un matériau pour pouvoir le réutiliser sous une autre forme. Pour cela, il est important de trier les déchets pour qu'ils puissent être recyclés plus facilement.

3 Observe ces étapes de transformation et numérote-les dans l'ordre.

- Collecte du verre
- Broyage du verre 
- Remplissage des bouteilles 
- Tri sélectif (1) 
- Moulage des bouteilles
- Transport du verre 
- Fusion du verre à haute température 
- Tri manuel du verre 
- Distribution des bouteilles

S1 La diversité de la matière — La matière

4 Réponds aux questions

a) Pourquoi est-il important de ne pas jeter les déchets dans la nature ?
_____

b) Quelles sont les trois solutions pour que les déchets ne polluent pas ?
_____

b) Pourquoi l'incinération des matériaux n'est pas très bon pour l'environnement ?
_____

c) Que doit-on faire afin de faciliter le recyclage ?
_____

2 Le tri des déchets

Pour trier les déchets, il existe 4 couleurs de poubelles :
Verte : le verre va dans la poubelle verte (facile à retenir). Il ne doit pas y avoir de bouchons ou couvercles sur les objets que vous jetez.
Jaune : la poubelle jaune accepte le plastique, le carton et le papier (s'il n'y a pas de poubelle bleue). Vous pouvez laisser les bouchons des bouteilles plastiques. Encore mieux, vous pouvez les donner à une association caritative comme Bouchons d'amour.
Bleue : la poubelle bleue est moins commune. On y met généralement le papier, les journaux, les annuaires, les prospectus, etc.
Grise/Noire : il s'agit de la poubelle "classique". Elle sert à collecter le reste des déchets qui ne conviennent pas aux autres compartiments.

5 Colorie les poubelles ci-dessous et écris sous chaque poubelle :
1) carton-papier, 2) autres déchets, 3) emballages, 4) verre

6 Colorie les poubelles ci-dessous :

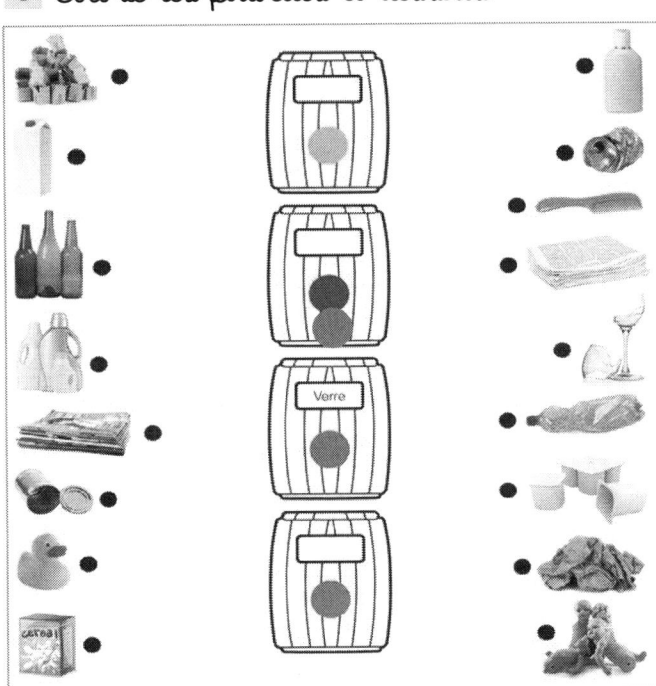

S1 La diversité de la matière — La matière

LEÇON

Les principales familles de matières : bois, verre, métal, papier, carton, plastique

La matière est ce qui compose tout objet ou être vivant

Elle peut être :
- **d'origine vivante** : animale, végétale
- **d'origine non vivante** : minérale

Elle est :
- **naturelle** : bois, sable
- **transformée** : verre, plastique, métal

Tout ce qui nous entoure est composé de matière _____ (les plantes, le bois des arbres...) ou _____ (matière _____ _____) : la terre, les cailloux, l'eau, l'air...

Parfois, la matière est _____ pour fabriquer de nouveaux objets ...

Le bois sert à fabriquer des jouets ou des meubles, le sable en _____ se transforme en verre et le mouton donne de la laine avec lequel nous fabriquons des vêtements...

Quand ces objets ont été _____ , ils deviennent des _____ .

Nous pouvons alors, soit les incinérer, soit les réemployer, soit les recycler pour être réutilisées. Pour faciliter le _____ , il faut d'abord _____ les déchets et les mettre dans les bonnes _____ :

- _____ pour le verre,
- _____ pour les emballages,
- _____ pour le papier et le carton
- _____ pour les autres déchets.

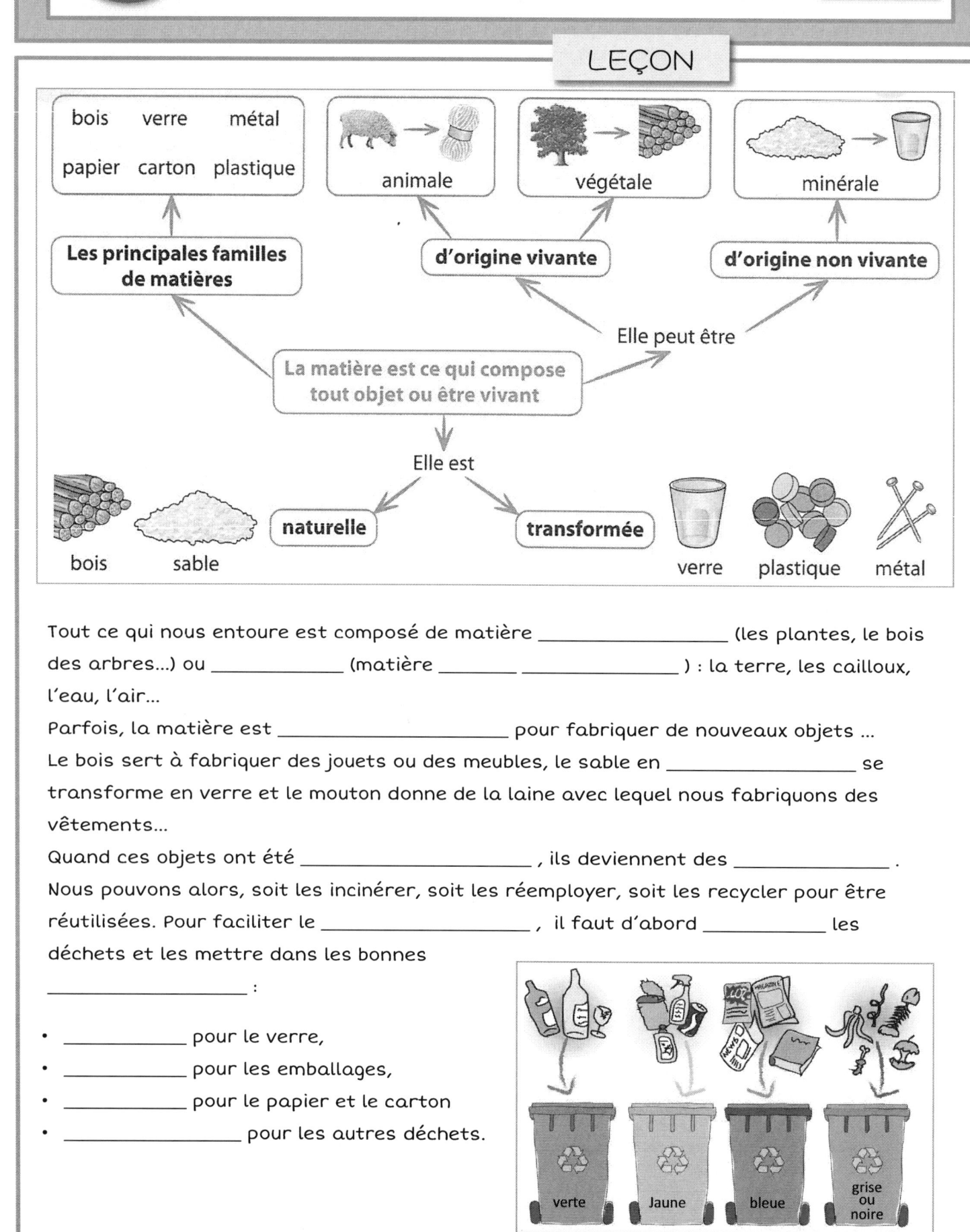

verte — Jaune — bleue — grise ou noire

S2 — Mélanges et solutions

La matière

1. Mélange homogènes et hétérogènes

La grande majorité de la matière qui nous entoure est le résultat d'un mélange de constituants. Ces mélanges peut-être à l'état solide, liquide ou gazeux.

* Il peut être homogène, c'est-à-dire qu'on ne distingue plus les matières qui se mélangent, comme le sel dans l'eau où le sel disparait complètement.
* Il peut aussi être hétérogène, c'est-à-dire que les matières mélangées restent visibles dans le mélange obtenu. Les deux éléments se distinguent bien.

Certains mélanges semblent être homogènes mais ne le sont pas vraiment : comme le sucre et la farine. En regardant, on a l'impression qu'ils ne font qu'un mais en observant de plus près, les cristaux de sucre sont visibles.

Pour obtenir des mélanges homogènes de 2 solides, il faut passer par la fusion, c'est-à-dire les faire chauffer. Les gaz forment naturellement des mélanges homogènes car ils sont invisibles.

1 Quelles matières sont mélangées pour obtenir :

L'eau ? _____

De l'acier ? _____

Du chocolat chaud ? _____

Un pull ? _____

> Quelques exemples de mélanges de matières :
> • le verre est un mélange homogène d'espèces solides qui ont été mélangées et chauffées : silice (principal constituant du sable) + chaux (oxyde de calcium) + soude + autres oxydes métalliques ;
> • l'eau potable (minérale ou du robinet) est un mélange homogène d'eau et d'espèces solides dissoutes dans l'eau (sels minéraux indiqués sur l'étiquette) ; les eaux gazeuses contiennent en plus du gaz (dioxyde de carbone) dissous dans l'eau ;
> • les pièces de 1, 2 et 5 centimes d'euro sont en acier cuivré ; l'acier est un alliage obtenu en mélangeant du fer et du carbone
> • Les pièces de 10, 20 et 50 centimes d'euro sont en or nordique alliage constitué de cuivre, aluminium, zinc et étain ;
> • de nombreux aliments sont des mélanges comme le chocolat chaud.
> • les tissus textiles sont souvent composés de plusieurs types de fibres ; Un pull peut être un mélange de coton et de laine.

2 Observe ces deux documents et indique de quoi sont composés l'air et le sang :

Diagramme de l'air : 78 %, 21 %, 0,03 %, 0,97 % — AZOTE (N2), Oxygène (O2), Gaz carbonique (CO2), Autres gaz

Diagramme du sang : 45% de cellules, 55% de plasma — Les globules rouges, Les globules blancs, Les plaquettes — 90 % d'eau, 10 % de protéines, de sels minéraux, de vitamines, d'hormones et de diverses substances

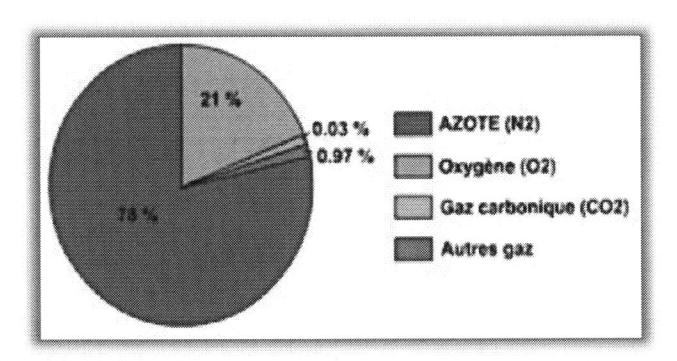

L'air : _____

Le sang : _____

S2 — Mélanges et solutions

La matière

2. Les mélanges de plusieurs liquides

3 Après avoir effectué les mélanges suivants, dessine le résultat obtenu puis complète le tableau :

eau + huile   eau + lait

eau + vinaigre    eau + beurre

Ecris oui ou non dans le tableau

	Mélange homogène : miscible dans l'eau	Mélange hétérogène : non miscible dans l'eau
Huile		
Lait		
Vinaigre		
Beurre		

4 Observe cette photo d'une nappe de pétrole en mer.

Questions :
Le pétrole est-il miscible dans l'eau ? _____

Comment le vois-tu ? _____
_____

Entoure : Le mélange de l'eau et du pétrole (des hydrocarbures en général) est donc un mélange :

homogène   hétérogène

> Certains liquides (comme l'eau et le sirop) se mélangent : ils sont **miscibles**.
> Si après avoir mélangés ces deux liquides, ils restent distincts, on dit qu'ils sont **non-miscibles** (comme l'huile ou les hydrocarbures avec l'eau).
> Si deux liquides sont miscibles, alors le mélange est **homogène**.
> Si deux liquides sont non-miscibles, alors le mélange est **hétérogène**.

3. Les mélanges de plusieurs solides et liquides

5 Hypothèses : A ton avis, quels éléments se mélangent à l'eau ? Entoure-les.

le sucre   la farine   le poivre   le sable   le sel

6 Effectue les mélanges suivants. Dessine ce que tu observes.

sucre    farine    poivre    sable    sel

S2 — Mélanges et solutions — La matière

7 Indique par une croix la nature de chaque mélange.

	Soluble dans l'eau	Non soluble dans l'eau	
	Le solide n'est plus visible	Le solide reste visible	Le solide tombe au fond du verre
sucre			
farine			
poivre			
sable			
sel			

8 Réalise cette expérience en notant à chaque étape, la masse du mélange.

Étape 1 : Pèse le verre vide, puis ajoute 100 g d'eau.

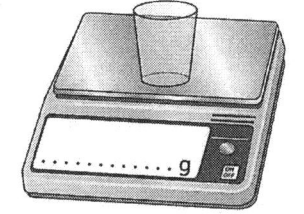

Étape 2 : Ajoute 15 g de sel.
Le sel se dissout-il ? OUI – NON

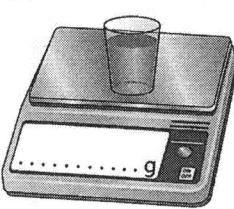

Étape 3 : Ajoute encore 15 g de sel.
Le sel se dissout-il ? OUI – NON

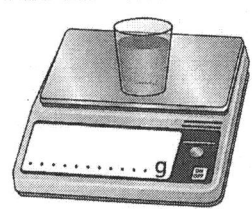

Étape 4 : Ajoute à nouveau 10 g de sel.
Le sel se dissout-il ? OUI – NON

Certains solides (comme le sel ou le sucre) sont **solubles** dans l'eau. Le mélange est alors limpide : c'est un mélange **homogène** aussi appelé **solution**. Quand le solide ne se dissout pas totalement, on dit qu'il y a **saturation**.

D'autres solides (comme le sable) sont insolubles : le mélange est alors trouble. C'est un mélange **hétérogène** aussi appelé **suspension**.

4 La séparation de constituants

9 Hypothèses : comment peut-on faire pour séparer :
- le sel de l'eau ? _____
- le poivre dans l'eau ? _____
- le sel du poivre ? _____

S2 — Mélanges et solutions

La matière

10 Réalise les expériences et dessine ce que tu as fait

Séparation du sel et de l'eau	Séparation du poivre et de l'eau

11 En te basant sur les expériences ci-dessus, comment peux-tu faire pour séparer le sel du poivre ?

_____
_____
_____

On peut séparer des mélanges hétérogènes de 2 façons :
* Par filtration : on passe le mélange dans une passoire ou un filtre, on récupère l'eau dans le récipient dessous et le solide dans le filtre.
* Par décantation : on laisse retomber les solides au fond, on laisse les liquides se séparer. On verse ensuite le liquide supérieur et on récupère le solide au fond, ou le deuxième liquide.

Pour séparer des mélanges homogènes :
* Par évaporation : On laisse l'eau s'évaporer mais on perd l'eau… ou on fait chauffer l'eau pour aller plus vite mais on la récupère grâce à un couvercle. Ça s'appelle la distillation.

---

5 Observe cette photo d'un bassin d'eau de mer.

Questions :

Que récolte le paludier ? _____

Quelle technique utilise-t-il pour récolter le sel ?
_____

Pourquoi la mer est-elle salée ? _____
_____
_____

Récolte du sel

S2 — Mélanges et solutions

La matière

LEÇON

L'eau et les mélanges

eau + solides

MÉLANGE HOMOGÈNE
Le solide est soluble dans l'eau. Le solide disparaît : il se dissout.
eau + sel

MÉLANGE HÉTÉROGÈNE
Le solide n'est pas soluble dans l'eau. Le solide reste visible dans l'eau
eau + sable

eau + liquide

MÉLANGE HOMOGÈNE
Le liquide est miscible dans l'eau. Les deux liquides ne peuvent plus être distingués.
eau + vinaigre

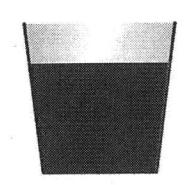

MÉLANGE HÉTÉROGÈNE
Le solide n'est pas miscible dans l'eau. les deux liquides se superposent visiblement.
eau + huile

La grande majorité de la matière qui nous entoure est le résultat d'un mélange de constituants.

Ces mélanges peut-être à l'état _____ , _____ ou _____ .

* Il peut être _____ , c'est-à-dire qu'on ne distingue plus les matières qui se mélangent.

* Il peut aussi être _____ , c'est-à-dire que les matières mélangées restent visibles dans le mélange obtenu.

Certains liquides se mélangent : ils sont _____ .

Si après avoir mélangés ces deux liquides, ils restent distincts, on dit qu'ils sont _____ .

Certains solides sont _____ dans l'eau. Le mélange est alors limpide : c'est un mélange homogène aussi appelé _____ . Quand le solide ne se dissout pas totalement, on dit qu'il y a _____ .

D'autres solides sont _____ : le mélange est alors trouble. C'est un mélange hétérogène aussi appelé _____ .

<u>On peut séparer des mélanges hétérogènes de 2 façons:</u>

Par _____ : on utilise une passoire ou un filtre pour récupérer les constituants.

Par _____ : on laisse les liquides se séparer.

<u>Pour séparer des mélanges homogènes:</u>

Par _____ : On laisse l'eau s'évaporer ou on fait la fait chauffer pour aller plus vite.

S3 De l'eau pour les plantes

Le vivant – Les végétaux

2) LA PHOTOSYNTHÈSE

L'eau nourrit la plante grâce aux minéraux pris dans la terre et aux sucres récupérés. Ces sucres sont l'association d'un gaz, le dioxyde de carbone (CO_2) que la plante absorbe et de l'énergie du soleil. La plante capte donc du CO_2 de l'air, mais en échange, elle libère de l'oxygène. C'est donc très important pour l'environnement et pour le bon équilibre de la planète. Toutes ces réactions c'est ce qu'on appelle la photosynthèse. Les sucres nés de ce processus sont appelés glucides.
Le maïs a besoin de beaucoup de chaleur pour réaliser sa photosynthèse alors que le blé a besoin d'un climat un peu plus frais.

3 Observe l'image 1 ci-dessous et réponds

Que va faire l'eau ? _____

4 Observe les images 5 et 6 et réponds aux questions

Image 5 : D'où proviennent les sucres que l'eau récupère ? _____

Image 6 : Que fait la plante ? _____

Pourquoi les plantes sont-elles importantes pour l'environnement ? _____

5 Complète ce schéma :

Cette réaction s'appelle la

$$CO_2 + \text{☀} + H_2O = \text{🍬} + O_2$$

O_2 signifie :

CO_2 signifie :

H_2O signifie :

Ces sucres s'appellent des

S3 De l'eau pour les plantes

Le vivant — Les végétaux

3) LA TURGESCENCE

Elle permet de donner à la plante, une forme. Lorsque l'eau rentre dans la plante, elle pénètre dans les cellules qui la composent. Les cellules se serrent alors les unes aux autres.
Et cela créé une forme. C'est donc grâce à la turgescence que la tige reste droite et que les feuilles prennent le bon angle pour capter le soleil. Au contraire, si la plante manque d'eau, elle perd sa forme, elle fane, ne tient plus debout et flétrit.

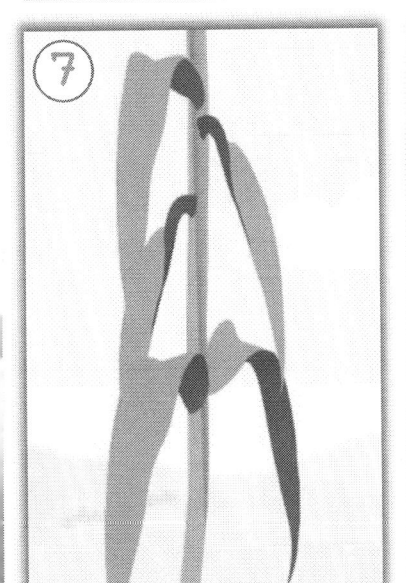

6 Observe les images ci-contre et réponds aux questions.

* Que font les cellules quand l'eau entre ? _____

* Que permet la turgescence ?
1) _____
2) Pour la tige : _____
3) Pour les feuilles : _____

* Que se passe-t-il si la plante n'a plus assez d'eau ? _____

4) LE RÉGULATEUR DE TEMPÉRATURE

L'eau est un très bon régulateur de température.
La plante, comme le corps humain, doit rester à une certaine température. A la surface de ses feuilles, elle a des petits trous qui s'ouvrent et qui se ferment.
Ils s'appellent des stomates. C'est par là qu'entre le dioxyde de carbone (CO_2) et que sort l'oxygène (O_2) et une partie de l'eau (H_2O)

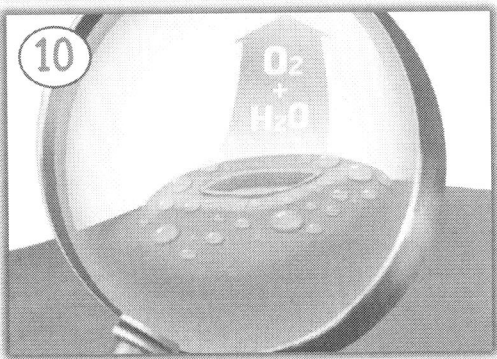

7 Réponds aux questions.

Que possède la feuille à sa surface ? _____

Comment s'appellent-ils ? _____

A quoi servent-ils ? _____

S3 — De l'eau pour les plantes

Le vivant — Les végétaux

2. Comment prélever l'eau correctement ?

Les racines explorent le sol dans lequel la plante pousse à la recherche d'eau et de quoi se nourrir. Dès le début de sa vie, la plante fait pousser ses racines qui se faufilent dans le sol et se développent en priorité dans les endroits riches en nutriments, contournent les obstacles et finissent par trouver le lieu idéal pour se ramifier. Plus les racines sont nombreuses, plus elles absorbent de l'eau et des minéraux. Et c'est là que le rôle de l'agriculteur est important !

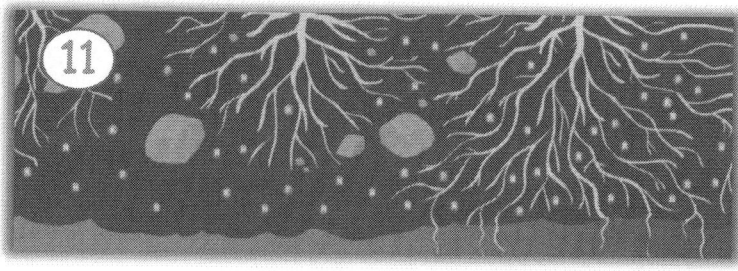

8. Vrai ou faux ?

a) Les feuilles explorent le sol pour trouver de l'eau et de la nourriture. _____
b) Pour se ramifier, les racines cherchent le lieu où il y a le plus d'obstacles. _____
c) Plus il y a de racines, plus la plante absorbera de l'eau et des minéraux. _____

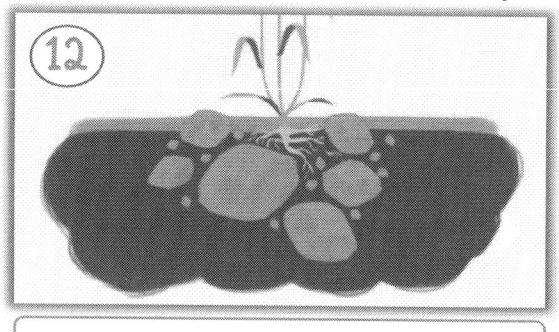

9. Ecris une légende sous ces images

LE RÔLE DE L'AGRICULTEUR

En préparant bien la terre et en évitant aux racines d'être gênées par des trop gros cailloux, il les aide à se développer facilement. Il peut faire attention à ce qu'il n'y ait pas trop de plantes les unes à côté des autres pour que les racines puissent se développer. Il peut aussi limiter la présence des mauvaises herbes qui développent elles aussi beaucoup de racines. Ainsi on évite qu'il y ait une compétition à chaque goutte d'eau trouvée.

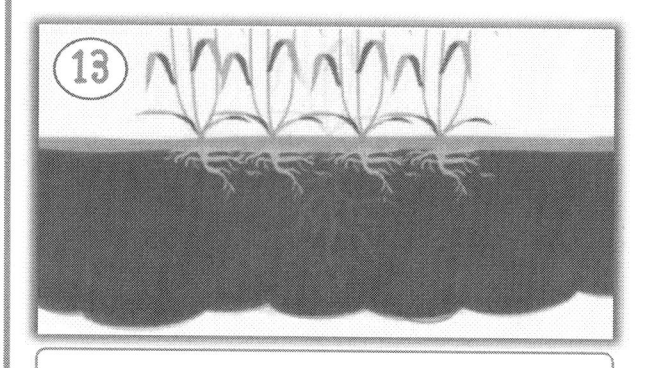

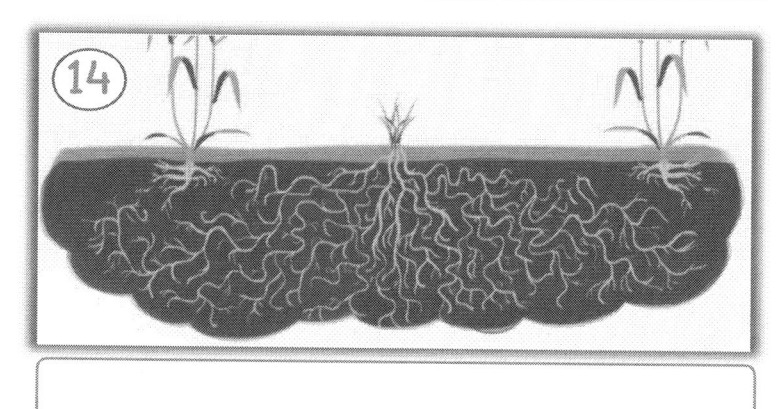

3. Trop d'eau ou pas assez ?

Les stomates sur les feuilles se ferment et s'ouvrent en fonction de la température. Pour fabriquer du sucre il faut que les stomates soient ouverts pour que les feuilles puissent capturer dans l'air un gaz appelé CO_2. Pour le laisser entrer dans la feuille, la plante doit laisser s'échapper de l'eau. Mais s'il n'y a pas beaucoup d'eau, la plante ferme ses stomates pour économiser l'eau. Et le CO_2 ne peut plus rentrer non plus. En situation de manque d'eau, la plante ne peut plus se nourrir… elle fane et perd ses feuilles.

S3 — De l'eau pour les plantes
Le vivant — Les végétaux

La plante ne fait pas de réserve d'eau dans les grains non plus. Donc, ils ne poussent pas et ne donnent pas de nourriture. Il n'y aura rien à récolter.

Si la plante manque d'eau, il faut faire attention de ne pas trop l'arroser.

En effet, si un manque d'eau peut faire mourir une plante, des racines noyées sont des racines qui n'arrivent plus à respirer et ne peuvent plus fonctionner.

Il faut donc un juste équilibre : de l'eau et de l'air en même quantité pour une plante en bonne santé.

10 Réponds aux questions

a) Que se passe-t-il dans les images 15 et 16 ci-dessus ?
_____
_____
_____

b) Pourquoi ne faut-il pas trop arroser les plantes ?
_____
_____
_____

11 Recopie la phrase qui explique les images 17 et 18
_____
_____
_____
_____

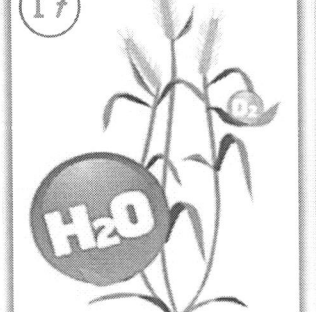

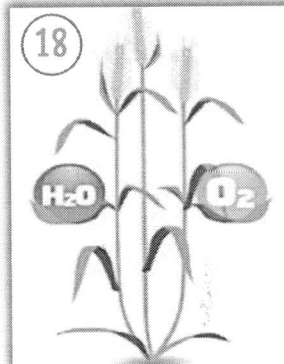

4 De l'eau à chaque étape de la vie

Les plantes ont besoin d'eau durant toute leur vie. Mais elle est vitale au début de leur croissance.

C'est là que son rôle de transporteur est le plus important pour acheminer un maximum d'éléments des racines jusqu'aux feuilles.

La plante doit pouvoir remplir les grains en eau qui seront ensuite récoltés.

Il faut donc être très vigilants et leur apporter une quantité d'eau nécessaire jusqu'à la récolte et la moisson.

	blé	maïs
Semence	Septembre	Printemps
Récolte - Moisson	été	Automne
Transport des éléments des racines aux feuilles	Printemps	Été
Remplissage des grains en eau	Début de l'été	Fin de l'été Début de l'automne

12 Remets les 4 étapes de culture du tableau dans le bon ordre.

1. _____
2. _____
3. _____
4. _____

S3 — De l'eau pour les plantes
Le vivant — Les végétaux

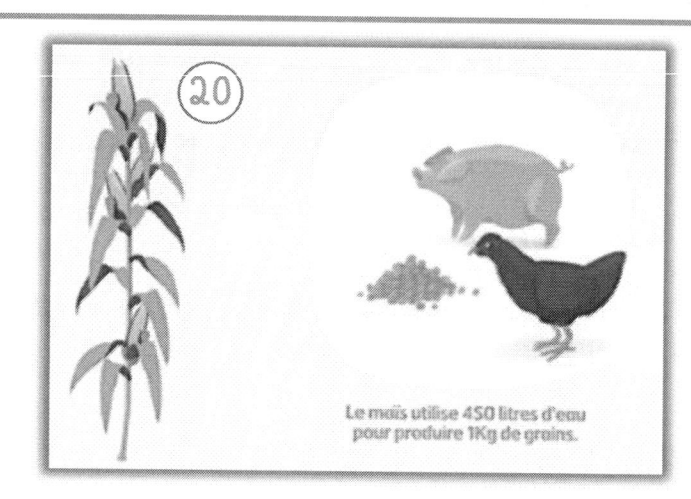

19 Le blé utilise 600 litres d'eau pour produire 1Kg de grains.

20 Le maïs utilise 450 litres d'eau pour produire 1Kg de grains.

13 Observe les images 19 et 20.

a) Que fait-on avec du blé ? _____

b) A quoi sert principalement le maïs ? _____

c) Quelle céréale a le plus besoin d'eau pour produire 1 kg de grains ? _____

5 Le cycle de l'eau

Lorsqu'il ne pleut pas depuis longtemps, il n'y a aucun moyen de faire tomber la pluie. En effet, elle vient d'un processus naturel qui s'appelle le cycle de l'eau. De l'eau s'évapore de la surface des océans. Elle se condense dans les nuages, puis retombe en pluie ou en neige. Elle ruisselle le long des montagnes et des collines, coule dans les rivières ou s'infiltre dans la terre pour former les nappes phréatiques.

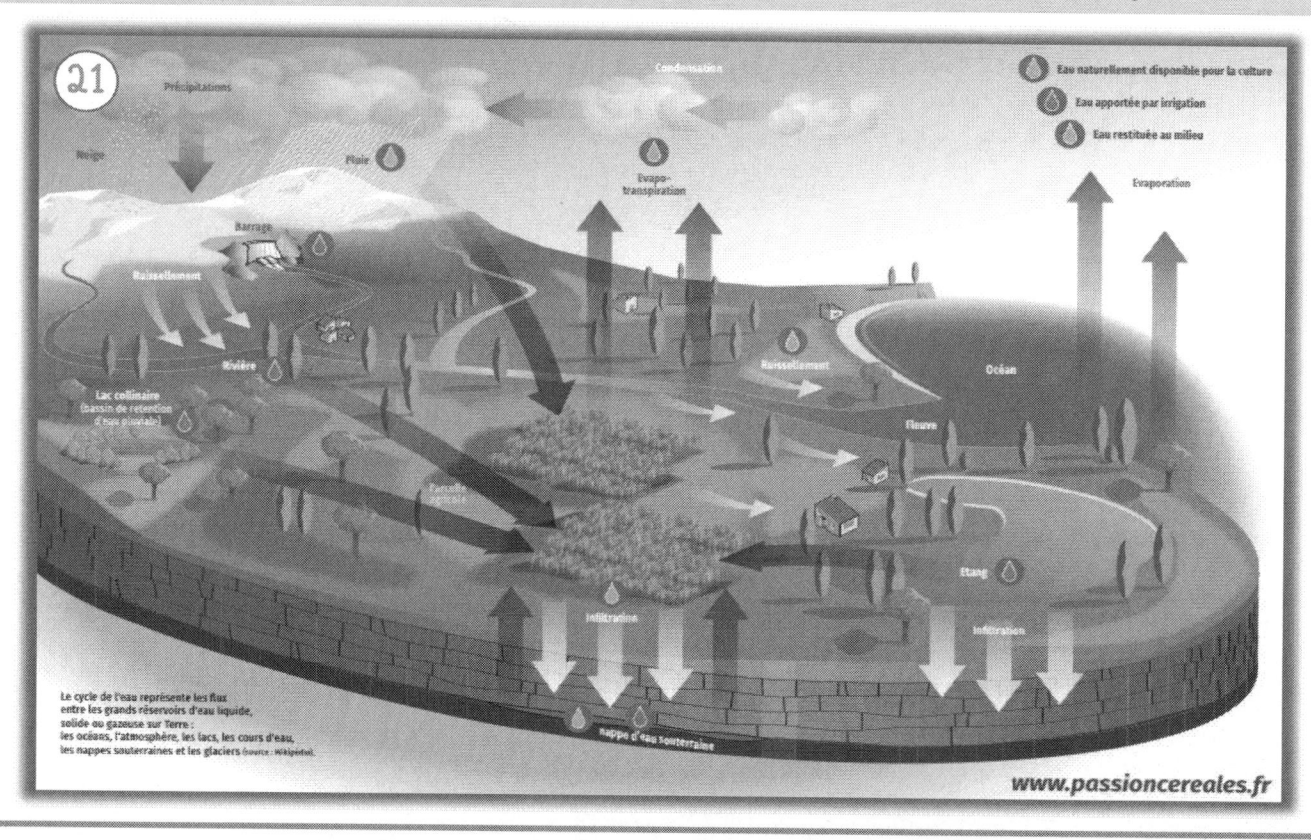

21 Le cycle de l'eau représente les flux entre les grands réservoirs d'eau liquide, solide ou gazeuse sur Terre : les océans, l'atmosphère, les lacs, les cours d'eau, les nappes souterraines et les glaciers. (source : Wikipédia)

www.passioncereales.fr

S3 — De l'eau pour les plantes

Le vivant — Les végétaux

14 Observe l'image 21 sur le cycle de l'eau et écris les 5 étapes en utilisant les mots suivants :
condensation, ruissellement, infiltration, évaporation, précipitations

1. _____
2. _____
3. _____
4. _____
5. _____

L'agriculteur surveille de près ses cultures. Il analyse le sol, les satellites prennent des photos de ses champs. Mais si les plantes manquent vraiment trop d'eau parce qu'il n'a pas plu depuis longtemps, on peut leur en donner par irrigation.

Mais on ne doit pas gaspiller l'eau qui est un bien précieux. il faut donc choisir une bonne méthode d'irrigation. (image 22)

Il faut aussi bien choisir les moments où tu arroses : le soir est le meilleur moment car l'eau s'évaporera moins vite qu'en journée.

L'eau peut-être aussi stockée. Il existe donc des barrages pour retenir l'eau tombée afin qu'elle soit utilisée lorsqu'il n'y en a plus assez. (image 23)

15 Observe les photos 22 et 23

a) Indique deux façons de ne pas gaspiller l'eau :

1. _____
2. _____

b) Que faut-il faire pour avoir de l'eau quand il n'a pas plu depuis longtemps ?
_____

S3 — De l'eau pour les plantes

Le vivant — Les végétaux

LEÇON

Pour remplir les grains, le blé et le maïs ont besoin d'un élément vital : l'eau.

Celle-ci possède des pouvoirs indispensables :

- Transporter les éléments nutritifs dans toute la plante pour la nourrir.
- Participer à la photosynthèse : c'est à ce moment que la plante libère de l'oxygène et absorbe le CO2 par les stomates.

$$CO_2 + \text{☀} + H_2O = \text{🌱} + O_2$$

- Donner à la plante sa forme (la turgescence) : si la plante manque d'eau, les feuilles seront fanées.
- Réguler la température car pour pousser correctement elle ne doit ni être trop chaude, ni trop froide.

1er POUVOIR DE L'EAU : LE TRANSPORT
2ème POUVOIR DE L'EAU : LA PHOTOSYNTHÈSE
3ème POUVOIR DE L'EAU : LA TURGESCENCE
4ème POUVOIR DE L'EAU : RÉGULE LA TEMPÉRATURE

PRÉLEVER L'EAU CORRECTEMENT

Pour que l'eau puisse monter correctement dans la plante par ses racines, l'agriculteur peut l'aider en enlevant les pierres de la terre ou en ne serrant pas trop les plantes pour que les racines aient assez de place.

LA BONNE QUANTITÉ D'EAU

Pour bien pousser une plante doit avoir la juste quantité d'eau. Si elle n'en pas pas assez, elle ne pousse plus et meurt. Si elle en a trop, ses racines se noient et ne peuvent plus respirer ni fonctionner.

DE L'EAU À CHAQUE ÉTAPE DE LA VIE :

L'eau est indispensable pendant toute la durée de vie de la plante. Mais elle est vitale dans les premiers mois après la semence.

LE CYCLE DE L'EAU

Cette eau provient essentiellement d'un cycle naturel. L'eau s'évapore des océans et des plantes. Puis elle se condense en nuages et retombe en précipitations (pluie ou neige). Ensuite elle ruisselle le long des montagnes et des collines pour finir par s'infiltrer dans le sol.

L'eau est un bien précieux que nous devons partager et protéger. Si l'eau vient à manquer et que le sol devient trop sec, l'eau peut-être alors apportée en complément par l'agriculteur par irrigation ou être récupérer là où elle est stockée (barrages)

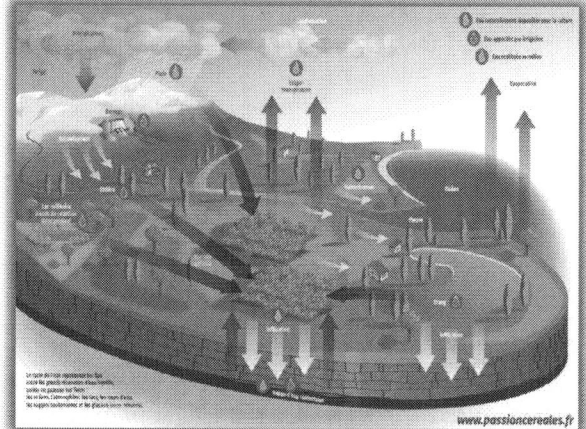

S4 — La digestion

Le vivant — Le corps humain

1. Que se passe-t-il quand on mange ?

Quand tu manges, les aliments traversent la bouche puis l'appareil ou tube digestif qui est composé de :
- l'œsophage
- L'estomac
- L'intestin grêle
- Le gros intestin

A l'intérieur de ton corps, les aliments sont <u>transformés</u> de façon mécanique et chimique en toutes petites particules qu'on appelle des <u>nutriments</u>.
Ceux-ci sont tellement petits qu'ils peuvent passer à travers la paroi de l'intestin pour aller nourrir le reste de ton corps.

1 Réponds aux questions.

a) De quoi est composé l'appareil digestif ?
_____
_____

b) En quoi sont transformés les aliments ? _____

c) A quoi sert l'appareil digestif ? _____

d) A quoi servent les nutriments ? _____

2. La bouche est la première étape de la digestion.

2 Vrai ou faux ?

a) La bouche est une étape de la digestion.	
b) Les dents ne participent pas au processus de digestion.	
c) La salive est produite par les glandes salivaires.	
d) La salive commencent la transformation chimique.	

Il faut bien mâcher car ça permet de commencer la transformation des aliments.

Les dents écrasent, découpent et déchirent les aliments. C'est le premier aspect de la transformation mécanique de la digestion

Puis la salive de la bouche, produite par les glandes salivaires, commencent à transformer chimiquement les aliments. Elle va faciliter leur assimilation par les autres organes du tube digestif.

S4 — La digestion

Le vivant — Le corps humain

3 Le tube digestif : l'œsophage, l'estomac, l'intestin grêle et le gros intestin.

Les aliments passent ensuite par l'œsophage.

Il commence dans l'arrière-gorge, au fond de la bouche et mesure environ 20 cm.

Il descend jusqu'aux autres organes du tube digestif.

Grâce à l'action de ses muscles, il fait descendre les aliments jusqu'à l'étape suivante.

L'œsophage participe à la transformation mécanique des aliments.

3 Réponds aux questions.

a) Quel organe intervient après le passage dans la bouche :
_____

b) Comment les aliments descendent dans l'œsophage :
_____

c) C'est une transformation mécanique ou chimique ?
_____

4 Repasse l'œsophage en rouge et colorie l'estomac en rouge.

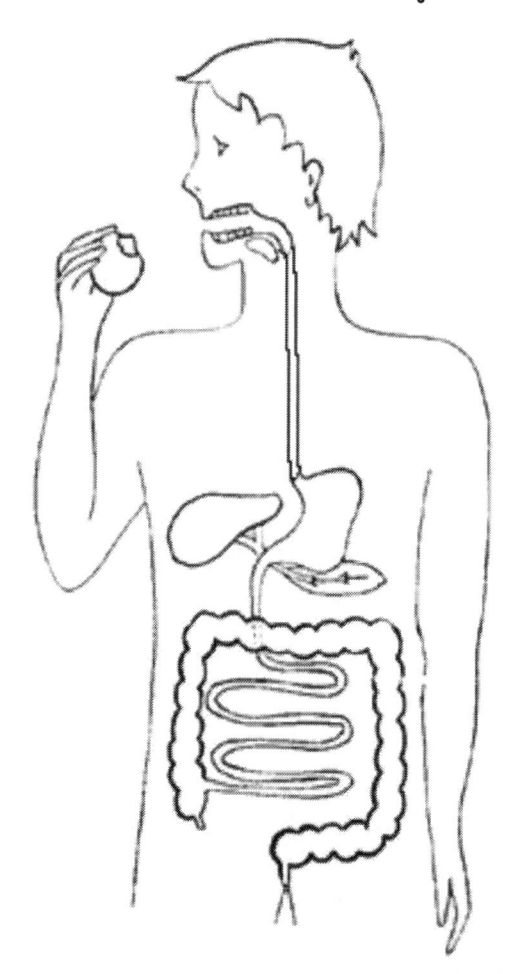

Après être passés par l'œsophage, les aliments arrivent dans l'estomac où ils sont transformés en une bouillie appelée chyme ou bol alimentaire.

Dans l'estomac, les aliments sont mélangés, un peu comme dans une machine à laver. En même temps, ils sont découpés en toutes petites particules grâce aux sucs gastriques produits par l'estomac. Ces petites particules pourront mieux être absorbées par ton organisme.

L'estomac participe à la transformation chimique des aliments.

5 Remets dans l'ordre les étapes de ce qu'il se passe dans l'estomac :

Les sucs gastriques les découpes en particules.	
Une fois dans l'estomac, les aliments deviennent une bouillie (chyme)	
Puis ils sont mélangés.	

S4 — La digestion

Le vivant — Le corps humain

Puis le bol alimentaire arrive dans l'<u>intestin grêle</u> grâce à l'action des muscles, c'est donc à nouveau un aspect mécanique de la digestion.

Mais pour que les aliments poursuivent leur transformation, l'intestin grêle a besoin de la participation de deux organes du tube digestif dans lesquels les aliments ne passent pas mais qui produisent des sucs digestifs qu'ils déversent dans l'intestin grêle :
- Le pancréas qui produit les sucs pancréatiques
- Le foie qui produit la bile.

L'intestin grêle, grâce aux actions du pancréas et du foie, participe aussi à une nouvelle transformation chimique des aliments. Il peut mesurer jusqu'à 6 mètres de long.

6 Colorie l'intestin grêle en rouge ;

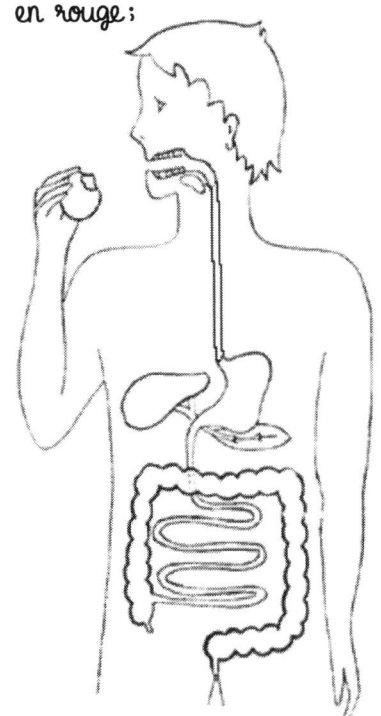

7 Relie les débuts et fin de phrases.

Début	Fin
Après l'estomac, le bol alimentaire	peut mesurer jusqu'à 6 mètres de long.
Les deux organes dans lesquels les aliments ne passent pas	produit des sucs pancréatiques.
Le pancréas	produit la bile.
Le foie	sont le foie et le pancréas.
Le foie et le pancréas	sont un aspect mécanique de la digestion.
L'intestin grêle	arrive dans le foie.

8 Colorie le pancréas et le foie en rouge puis complète :

Le _____ envoie de la _____ dans l'intestin grêle.

Le _____ envoie des _____ _____ dans l'intestin grêle.

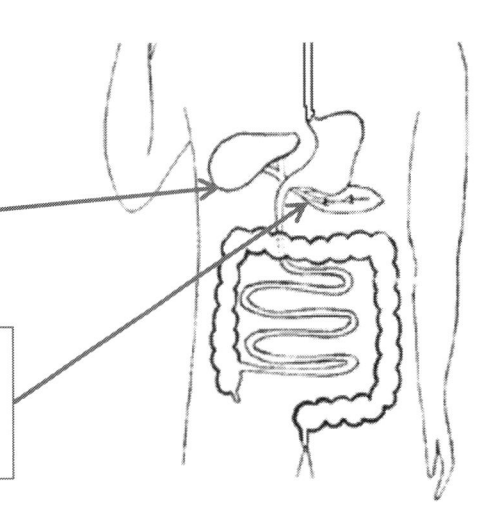

S4 — La digestion

Le vivant — Le corps humain

Les aliments, ont été mastiqués, brassés et réduits chimiquement en toutes petites particules.
Elles les sont appelées nutriments car elles « nourrissent » notre organisme.
Elles sont tellement petites qu'elles passent dans notre organisme en traversant la paroi intestinale.
Cependant, il reste encore des déchets et de l'eau.
- L'eau est absorbée au niveau du <u>gros intestin</u>, appelé aussi le côlon.
- Les déchets sont d'abord réduits grâce à l'action des bactéries qui sont dans le gros intestin. Ces bactéries réduisent les déchets en excréments qui seront ensuite éliminés par l'anus.

9 Colorie le gros intestin en rouge.

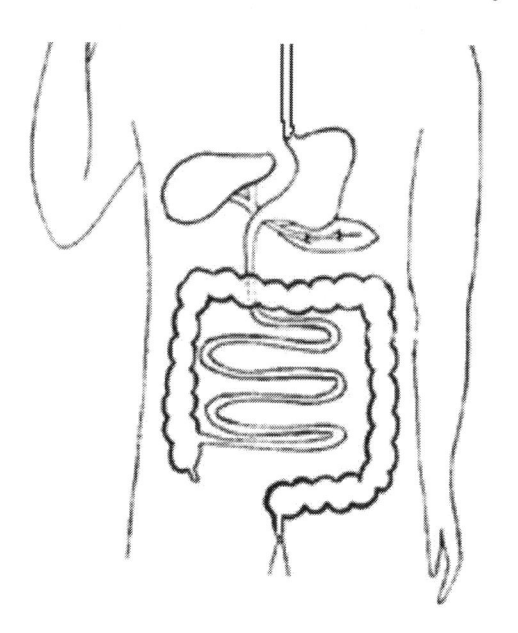

10 Réponds aux questions :

a) Comment s'appellent les aliments une fois transformés ? Pourquoi s'appellent-ils ainsi ?
_____

b) Quels sont les deux rôles du gros intestin ?

1er rôle : _____

2ème rôle : _____

S4 — La digestion

Le vivant — Le corps humain

LEÇON

Les aliments partent de la _____ et passent dans le _____ _____. Dans le corps, ils deviennent des _____ en subissant une transformation _____.

Cette transformation a lieu dans

* l'_____ grâce aux _____ _____.

* L'_____ _____ grâce aux _____ _____ et à la _____ déversés par le _____ et le _____.

Les nutriments obtenus traversent la _____ de l'intestin grêle pour aller « _____ » les autres organes du corps.

Les _____ qui restent sont évacués par l'_____ (appelé aussi _____) sous forme d'_____.

Complète le schéma de l'appareil digestif avec les mots suivants :

le gros intestin
les glandes salivaires
le pancréas
la bouche
l'estomac
le foie
l'anus
l'œsophage
l'intestin grêle

→ Trajet des aliments

S5 — Le squelette

Le vivant — Le corps humain

1. Les os soutiennent le corps.

Les os sont reliés entre eux pour former le squelette. C'est grâce à eux que nous pouvons tenir debout et bouger. Sans squelette, notre corps serait tout mou.
Un squelette adulte est formé de 206 os mais un squelette de bébé comporte davantage d'os que celui d'un adulte et en a environ 300. En grandissant, certains os s'unissent pour en former de plus grands chez l'adulte. Les os s'arrêtent de grandir vers l'âge de 18 ans.

La colonne vertébrale.

Elle est composée de 26 os appelés des vertèbres. Elles sont toutes mobiles sauf les deux dernières du bas près du bassin. Ces vertèbres sont le sacrum et le coccyx qui sont soudées entre elles.

Les vertèbres peuvent tourner de gauche à droite et d'avant en arrière. Elles sont creuses pour permettre le passage de la moelle épinière à l'intérieur.

La boîte crânienne.

Elle est formée de 8 os soudés ensemble. C'est elle qui protège le cerveau. Le seul os mobile de la boîte crânienne est celui de la mâchoire inférieure.

La cage thoracique.

Elle est formée de 24 os appelés des côtes. C'est elle qui protège le cœur et les poumons.

Le bassin.

Il est également formé de plusieurs os. Le bassin des femmes est plus large que celui des hommes afin de permettre l'accueil du bébé pendant la grossesse et son passage au moment de l'accouchement.

---

1 Entoure la bonne réponse :

1) Dans le corps humain d'un adulte, il y a …

106 os   *   300 os   *   206 os

2 Lis les textes et réponds aux questions :

1) Comment serait notre corps sans les os ?
_____

2) Un bébé a-t-il autant d'os qu'un adulte ? Pourquoi ?
_____
_____
_____

3) Cite 3 organes protégés par les os :
_____
_____

---

3 Vrai ou faux ?

La colonne vertébrale est composée de 33 os.	
Les côtes protègent le cœur.	
Les os grandissent durant toute la vie.	
Le bassin est formé d'un seul os.	
La boîte crânienne est formée de 12 os.	
Les vertèbres sont des os creux.	
Toutes les vertèbres sont mobiles.	
La mâchoire inférieure est un os mobile.	

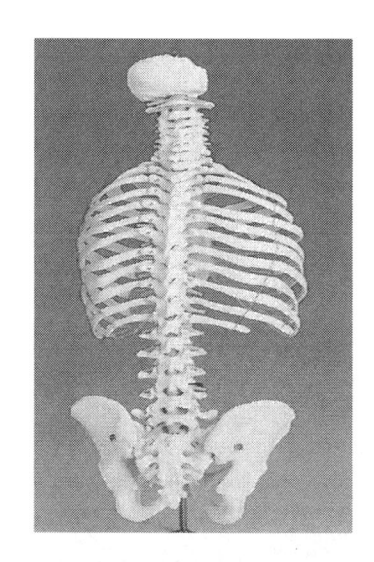

S5 — Le squelette

Le vivant — Le corps humain

2 Les différents os

L'os le plus long du corps est le fémur, situé dans la jambe.
L'os le plus court est dans l'oreille. Il s'appelle l'étrier et ne mesure que quelques millimètres.

Il existe 3 types d'os :
- Les os plats comme l'omoplate
- Les os longs comme le fémur
- Les os ronds comme la rotule

3 Le rôle des os

Les os ne peuvent pas se plier. Pour effectuer un geste, plusieurs os doivent se mettre en mouvement ensemble.
Ils contiennent des sels minéraux et en particulier du calcium qui leur permettent de se ressouder en cas de fracture.
Ils contiennent de la moelle épinière grâce à laquelle les millions de globules rouges du sang sont fabriquées chaque jour pour transporter l'oxygène dans le corps.

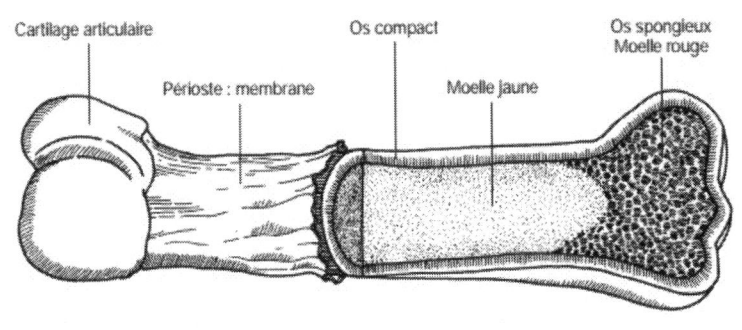

Schéma d'un os en coupe avec les légendes : Cartilage articulaire, Périoste : membrane, Os compact, Moelle jaune, Os spongieux, Moelle rouge.

4 Les articulations

Une articulation est le **point de rencontre entre deux os.**
Elle permet de faire différents mouvements : plier, tourner, tendre…

Les muscles sont attachés aux os du squelette. Grâce à **l'action coordonnée** (en même temps) des articulations et des muscles, les os peuvent bouger et le squelette se met en mouvement.

3 Cite les 3 sortes d'os.

1. _____ 2. _____

3. _____

4 Réponds aux questions.

1. De quoi l'os a-t-il besoin pour se ressouder en cas de fracture ?

_____

2. A quoi sert la moelle épinière ?

_____

5 Explique à quoi servent les articulations (avec les muscles).

_____
_____
_____
_____

5 L'intérieur des os

Le cartilage articulaire, ou **cartilage lisse**, est l'endroit où deux os sont en contact.
Le périoste : c'est une membrane qui recouvre tout l'os. Elle se charge de faire grossir l'os quand il grandit.
L'os compact est la partie la plus dure et la plus résistante de l'os.
L'os spongieux se situe au centre de l'os. Il n'est pas très résistant et se brise facilement. Il permet à l'os de ne pas être trop lourd.
La moelle osseuse joue un très grand rôle car c'est là que sont formées les cellules du sang.

S5 — Le squelette

Le vivant — Le corps humain

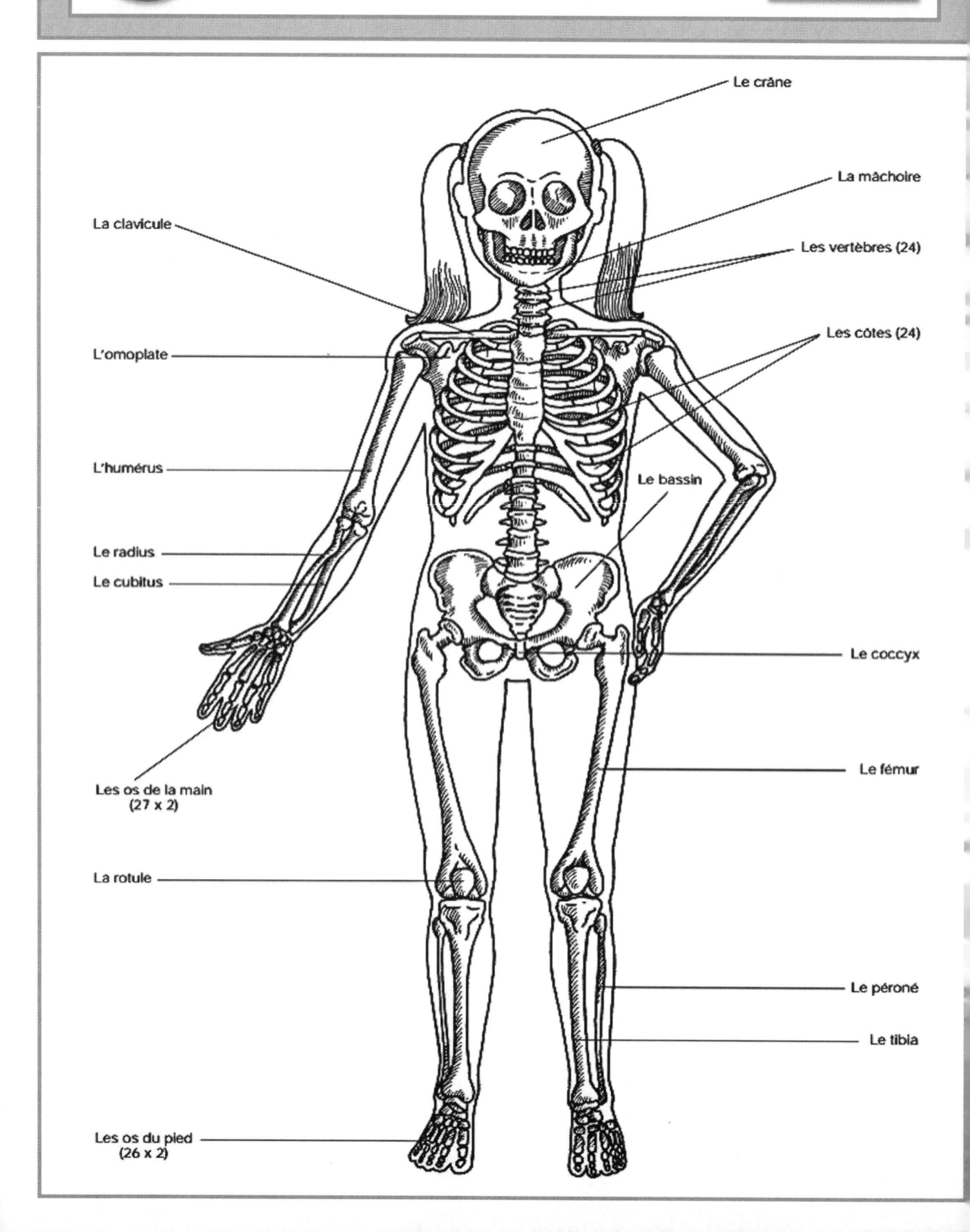

- Le crâne
- La mâchoire
- Les vertèbres (24)
- Les côtes (24)
- La clavicule
- L'omoplate
- L'humérus
- Le radius
- Le cubitus
- Le bassin
- Les os de la main (27 x 2)
- Le coccyx
- Le fémur
- La rotule
- Le péroné
- Le tibia
- Les os du pied (26 x 2)

S5 — Le squelette

Le vivant — Le corps humain

6 Mets une croix dans la bonne colonne.

Aide-toi du squelette de la petite fille et retrouve à quelle partie du corps appartiennent les os cités.

	tronc	jambe	bras
fémur			
côtes			
cubitus			
humérus			
clavicule			
tibia			
péroné			

LES OS DE LA MAIN

7 Donne le nom des 5 doigts de la main.

Vérifie l'orthographe dans ton dictionnaire.

1. _____
2. _____
3. _____
4. _____
5. _____

8 Fais des recherches et légende le schéma suivant :

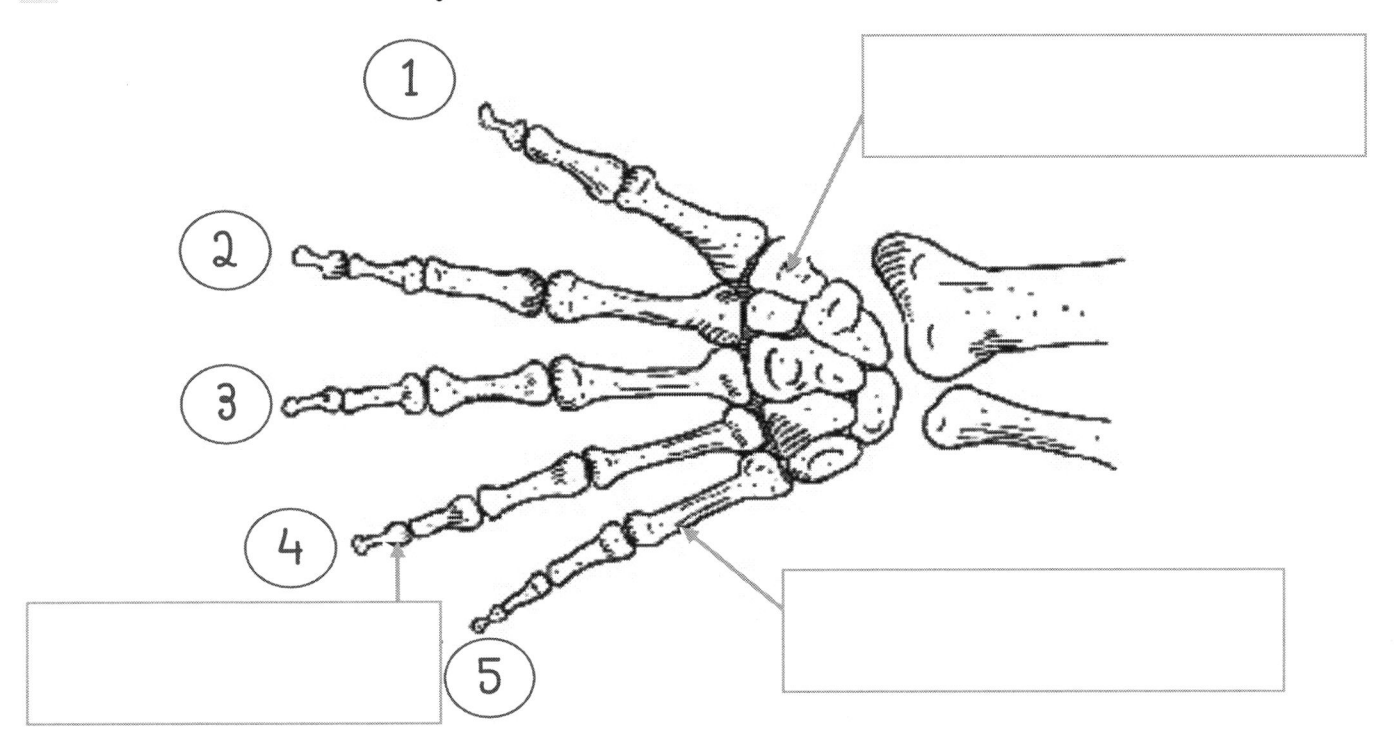

S5 - Le squelette

Le vivant — Le corps humain

LEÇON 1

LES OS SOUTIENNENT LE CORPS

Les os sont reliés entre eux pour former le _____. C'est grâce à eux que nous pouvons tenir _____ et _____. Sans os, notre corps serait tout _____.
Un squelette adulte est formé de _____ os mais un squelette de bébé en a environ _____.
En grandissant, certains os _____. Les os s'arrêtent de grandir vers l'âge de ___ ans.

* **LA COLONNE VERTÉBRALE** est composée de ___ os appelés des _____.
Seules les deux dernières vertèbres près du bassin ne bougent pas : le _____ et le _____ qui sont soudées entre elles. Les vertèbres sont _____ pour permettre le passage de la _____ épinière à l'intérieur.

* **LA BOÎTE CRÂNIENNE** : Elle est formée de ___ os soudés ensemble. C'est elle qui protège le _____. L'os de la _____ _____ est le seul os mobile.

* **LA CAGE THORACIQUE** : Elle est formée de 24 os appelés des _____. Elle protège le _____ et les _____.

* **LE BASSIN** : Le bassin des femmes est plus _____ que celui des hommes afin de permettre l'accueil du _____ pendant la grossesse et son _____ au moment de l'accouchement.

LES DIFFÉRENTS OS

L'os le plus long est le _____, situé dans la _____. L'os le plus court est dans _____ et s'appelle _____, il ne mesure que quelques millimètres. Il existe 3 types d'os : Les os _____, les os _____ et les os _____.

LE RÔLE DES OS

Les os ne peuvent pas se _____. Pour effectuer un _____, plusieurs os doivent se mettre en _____ ensemble.
Ils contiennent des _____ _____ et en particulier du _____ qui leur permettent de se _____ en cas de fracture.
Ils contiennent de la _____ _____ grâce à laquelle les globules _____ du _____ sont fabriquées chaque jour pour transporter _____ dans le corps.

LES ARTICULATIONS

Une articulation est le point de _____ entre deux _____. Les _____ sont attachés aux os du squelette. Grâce à l'action les _____ et des _____, les os peuvent bouger et le _____ se met en mouvement.

S5 — Le squelette

Le vivant — Le corps humain

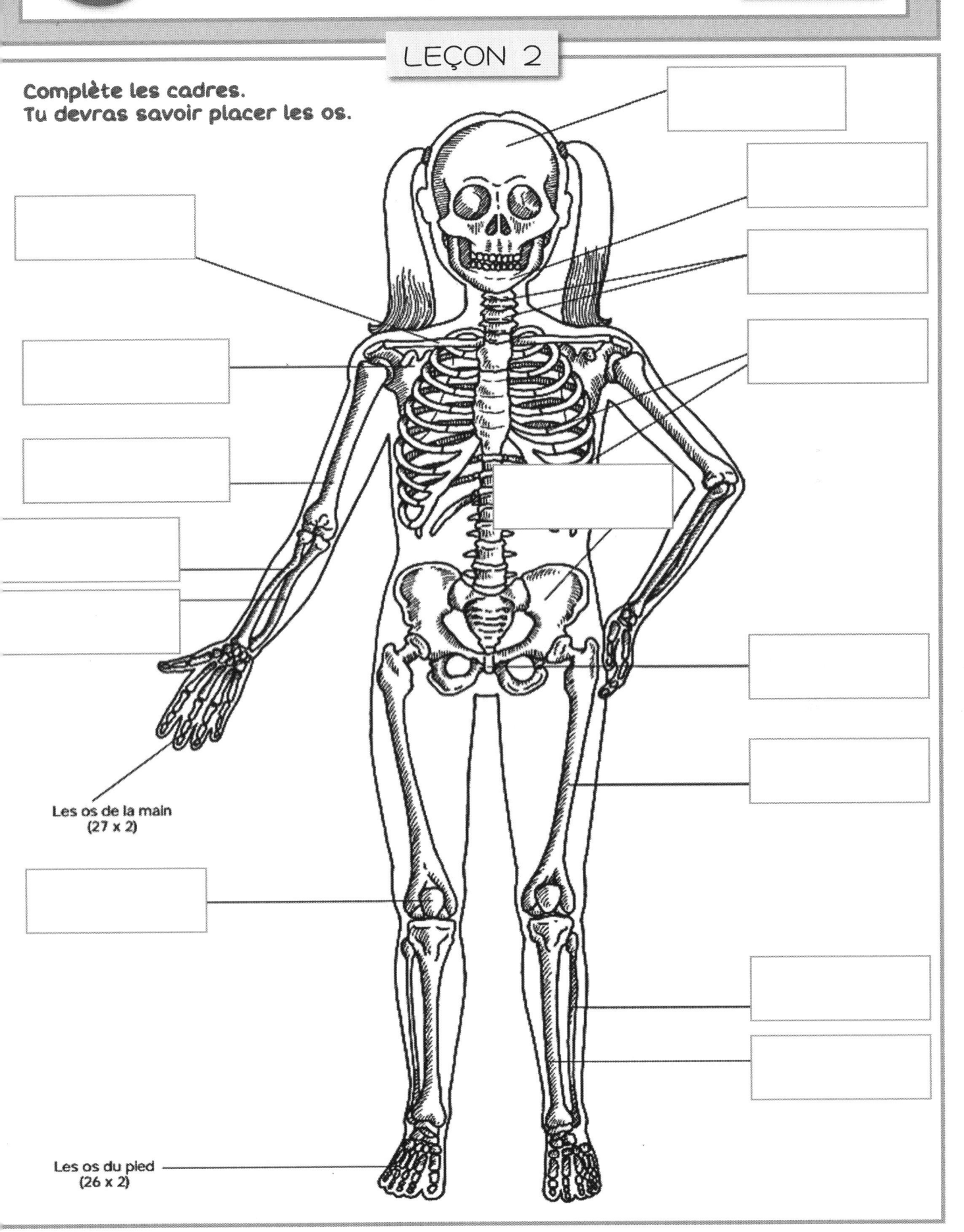

LEÇON 2

Complète les cadres.
Tu devras savoir placer les os.

Les os de la main
(27 x 2)

Les os du pied
(26 x 2)

S6 — Les énergies en France

L'énergie

1. Qu'est-ce que l'énergie ?

L'énergie permet de se déplacer, transporter, faire fonctionner, chauffer ou s'éclairer. Pour cela, il faut utiliser et transformer une source d'énergie. Il en existe plusieurs types dans la nature.

1 Numérote les documents comme ils le sont dans le texte ci-dessus.

2. Les énergies renouvelables

Tout d'abord les sources inépuisables ou renouvelables qui existeront tant que la planète existera :
1) le soleil (=permet l'énergie solaire avec les panneaux photovoltaïque)
2) le vent (=permet l'énergie éolienne),
3) l'eau (=permet l'énergie hydraulique avec les barrages),

2 Réponds aux questions suivantes.

1) A quoi sert l'énergie ? _____
_____
_____

2) Pourquoi dit-on du soleil, du vent et de l'eau que ce sont des énergies inépuisables ?
_____

3) Comment appelle-t-on les énergies épuisables ?
_____

4) Quelle énergie utilise-t-on pour faire marcher une voiture ?
_____

3. Les énergies fossiles

En plus des sources d'énergie inépuisables et renouvelables, il existe les sources épuisables. Ces énergies existent souvent depuis la formation de la Terre, et finiront par être épuisées par l'homme : le charbon, le pétrole, le gaz naturel, l'uranium.
Toutes ces sources épuisables proviennent du sol. On les appelle donc des énergies fossiles.

S6 — Les énergies en France
L'énergie

4 Avantages et inconvénients de toutes ces énergies

L'utilisation des énergies fossiles (ou épuisables) comme le charbon, le pétrole ou le gaz, produit beaucoup de pollution dans l'air que l'on respire car la production d'électricité rejette de la vapeur d'eau et du dioxyde de carbone qu'on appelle aussi CO2. Cela provoque des gaz à effet de serre et entraîne un réchauffement de la planète, ce qui dérègle le climat de la Terre. Il donc important pour tous les pays de réduire leurs émissions de CO2. La solution : faire des économies d'énergie ou utiliser d'autres sources d'énergies. Le pétrole provoque également des marées noires dans l'océan.

L'utilisation de l'énergie nucléaire fait à partir de l'uranium, produit également des déchets qu'on appelle radioactifs, ce qui est mauvais pour la santé des êtres humains.
L'utilisation des énergies renouvelables ne produit pas de déchets, mais les éoliennes prennent beaucoup de place, et les panneaux solaires sont chers pour les particuliers.

3 Réponds aux questions suivantes.

1) Que provoque l'émission de CO2 et de vapeur d'eau ?
_____
_____

2) Pourquoi n'utilise-t-on pas davantage, les énergies renouvelables ou inépuisables ?
_____
_____

3) Quelle énergie est la plus utilisée en France pour produire de l'électricité ?
_____

Contenu en CO2 et en déchets radioactifs du kilowattheure fourni :

- La fourniture d'un kWh d'électricité par EDF en 2012 a induit :
  → l'émission de **50,0 grammes de dioxyde de carbone (CO_2)**

- La génération de **déchets radioactifs** :
  * vie courte : 9,4 mg/kWh
  * vie longue : 0,9 mg/kWh

Source : http://fr.edf.com

Répartition entre les différentes sources d'énergie utilisées pour fournir l'électricité en France.

Source : http://fr.edf.com

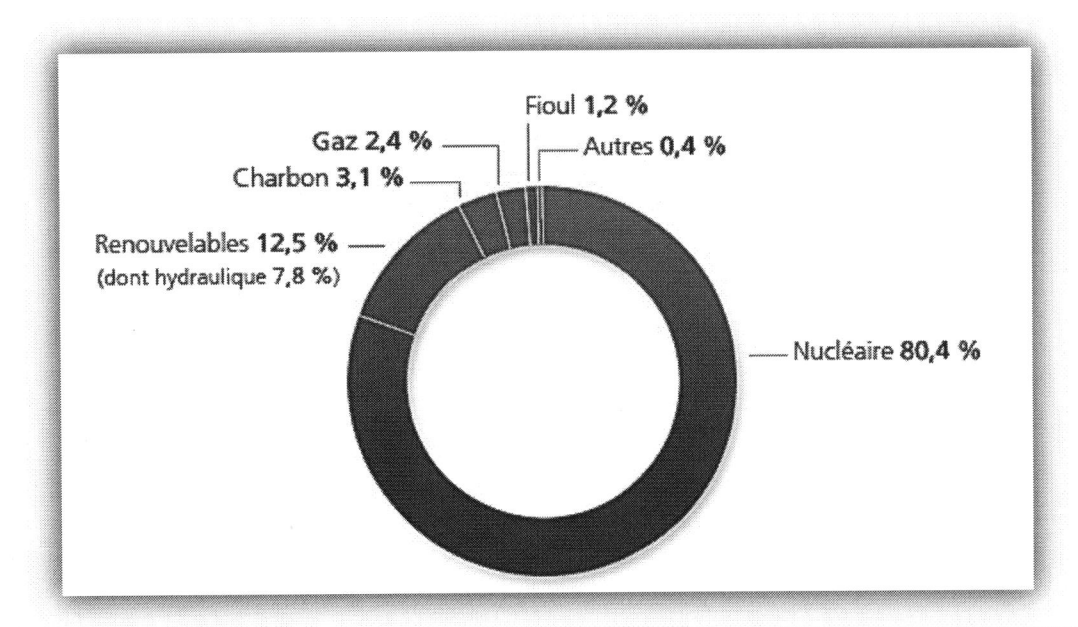

- Fioul 1,2 %
- Autres 0,4 %
- Gaz 2,4 %
- Charbon 3,1 %
- Renouvelables 12,5 % (dont hydraulique 7,8 %)
- Nucléaire 80,4 %

S6 — Les énergies en France

L'énergie

LEÇON

L'énergie permet de se déplacer, transporter, faire fonctionner, chauffer ou s'éclairer. Pour cela, il faut utiliser et transformer une _____ d'énergie.

❖ Il existe 2 sortes de sources d'énergie :
- Les énergies _____, ou _____ : le charbon, le pétrole, le gaz, l'uranium.
- Les énergies _____ qui existeront toujours (le soleil, le vent et l'eau) ou _____ tant que l'homme n'oubliera pas de les renouveler (le bois).

❖ La production d' _____ entraîne des déchets qui se rejettent dans l'atmosphère :
- En transformant le pétrole, le gaz ou le charbon, on émet du dioxyde de carbone ou (_____), qui entraîne un _____ de la planète.
- En transformant l' _____ dans les centrales nucléaires, on émet des déchets _____ , ce qui est nocif pour la santé.

MARÉE NOIRE : Catastrophe écologique, causée par le déversement d'une importante quantité de pétrole dans la mer, atteignant les côtes. Elle a des conséquences dramatiques sur la faune et la flore.

URANIUM : Métal naturel utilisé principalement dans les centrales nucléaires, pour produire de l'électricité. Il est radioactif.

RADIOACTIVITE : Rayonnement produit par certains matériaux. A forte exposition, elle est dangereuse pour la santé, voire mortelle.

GAZ À EFFET DE SERRE : L'augmentation de leur concentration dans l'atmosphère terrestre est à l'origine du réchauffement climatique. Les principaux gaz à effet de serre émis par l'activité humaine sont la vapeur d'eau (H_2O) ; le dioxyde de carbone (CO_2) ; le méthane (CH_4) ; le protoxyde d'azote (ou N_2O) ; l'ozone (O_3).

Panneaux solaires, éolienne

Centrale thermique

Centrale nucléaire

S7 La protection des forêts — L'écologie

1 Les forêts dans le monde

Une **forêt primaire** est une forêt intacte qui n'a pas été détruite ou exploitée par l'homme. Ces zones que l'appelle aussi « forêts vierges » sont de plus en plus rares dans le monde.

Une **forêt secondaire** est une forêt qui a repoussé après avoir été détruite. Elle peut avoir été plantée ou s'être développée de manière spontanée. La France est principalement couverte de forêts secondaires comme la majorité des pays du globe.

Les trois grandes forêts primaires tropicales sont situées :
- en Amérique du Sud (en Amazonie)
- en Afrique (dans le bassin du Congo)
- en Asie du Sud-Est / Océanie où se trouve la Papouasie-Nouvelle-Guinée.

Extrait vidéo « MA FORET PRIMAIRE »

Regarde la vidéo attentivement une première fois. Visionne-la une deuxième fois en prenant des notes sur ce qui te semble important. Ensuite, fais les exercices en t'aidant de ce que tu as écrit et du texte. Si tu ne réussis pas à tout compléter, regarde la vidéo une dernière fois.

2 En Papouasie-Nouvelle-Guinée

En Papouasie-Nouvelle-Guinée, la forêt abrite beaucoup d'**animaux endémiques**, c'est-à-dire qu'on ne trouve nulle part ailleurs : le kangourou des arbres, le pigeon victoria ou encore le casoar.

Le plus célèbre, l'oiseau de paradis, est le symbole de ce pays.

1 Les forêts primaires

a. Ecris ce qui différencie la forêt primaire de la forêt secondaire.

Forêt primaire	Forêt secondaire

b. Indique dans quelles parties du globe se situent les forêts primaires tropicales dans le monde.

_____ . _____ .

_____

S7 La protection des forêts — L'écologie

2 Les animaux

a. Numérote les images dans l'ordre d'apparition dans la vidéo.

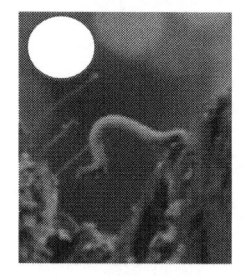

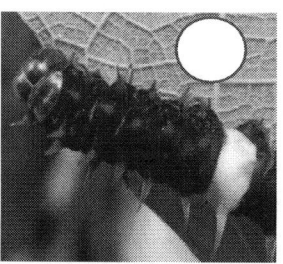

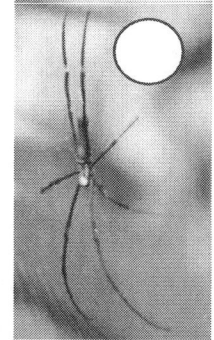

b. Ecris le nom de ces animaux à côté des images.

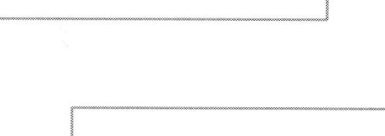

c. Colorie les mots qui caractérisent le casoar.

docile	timide	curieux	solitaire	affectueux
dangereux	bagarreur	serein	rapide	grincheux

d. Complète le texte suivant.

« Avec ses _____, le casoar peut tuer un _____. C'est l'animal le plus _____ de la jungle. Le casoar nous l'appelons _____. Il participe à la _____ de la forêt en mangeant des _____ et en les dispersant avec ses _____. Nous considérons qu'il est notre grand _____ car nos arrière-arrière-arrière-grands-parents sont sortis de _____ d'un casoar. »

S7 La protection des forêts — L'écologie

LEÇON

LES FORÊTS DANS LE MONDE

Une forêt primaire est une forêt _____ qui n'a pas été _____ ou _____ par l'homme. Ces zones que l'appelle aussi « forêts _____ » sont de plus en plus rares dans le monde.

Une forêt secondaire est une forêt qui a _____ après avoir été _____. Elle peut avoir été _____ ou s'être _____ de manière spontanée. La France est principalement couverte de forêts _____ comme la majorité des _____ du globe.

Les trois grandes forêts primaires _____ sont situées :
- en _____ du sud (en Amazonie)
- en _____ (dans le bassin du Congo)
- en _____ du sud-est / Océanie

EN PAPOUASIE-NOUVELLE-GUINÉE

En Papouasie-Nouvelle-Guinée (en Océanie), la forêt abrite beaucoup d'animaux _____ , c'est-à-dire qu'on ne trouve nulle part ailleurs : le _____ des arbres, le _____ victoria ou encore le _____. Le plus célèbre, _____ _____ _____ , est le symbole de ce pays.

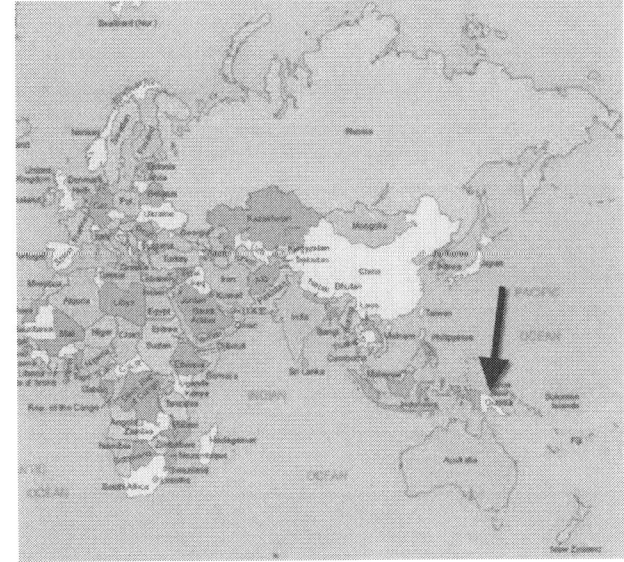

Le kangourou des arbres

Le casoar

Le pigeon victoria

L'oiseau de paradis

ÉDUCATION MORALE ET CIVIQUE

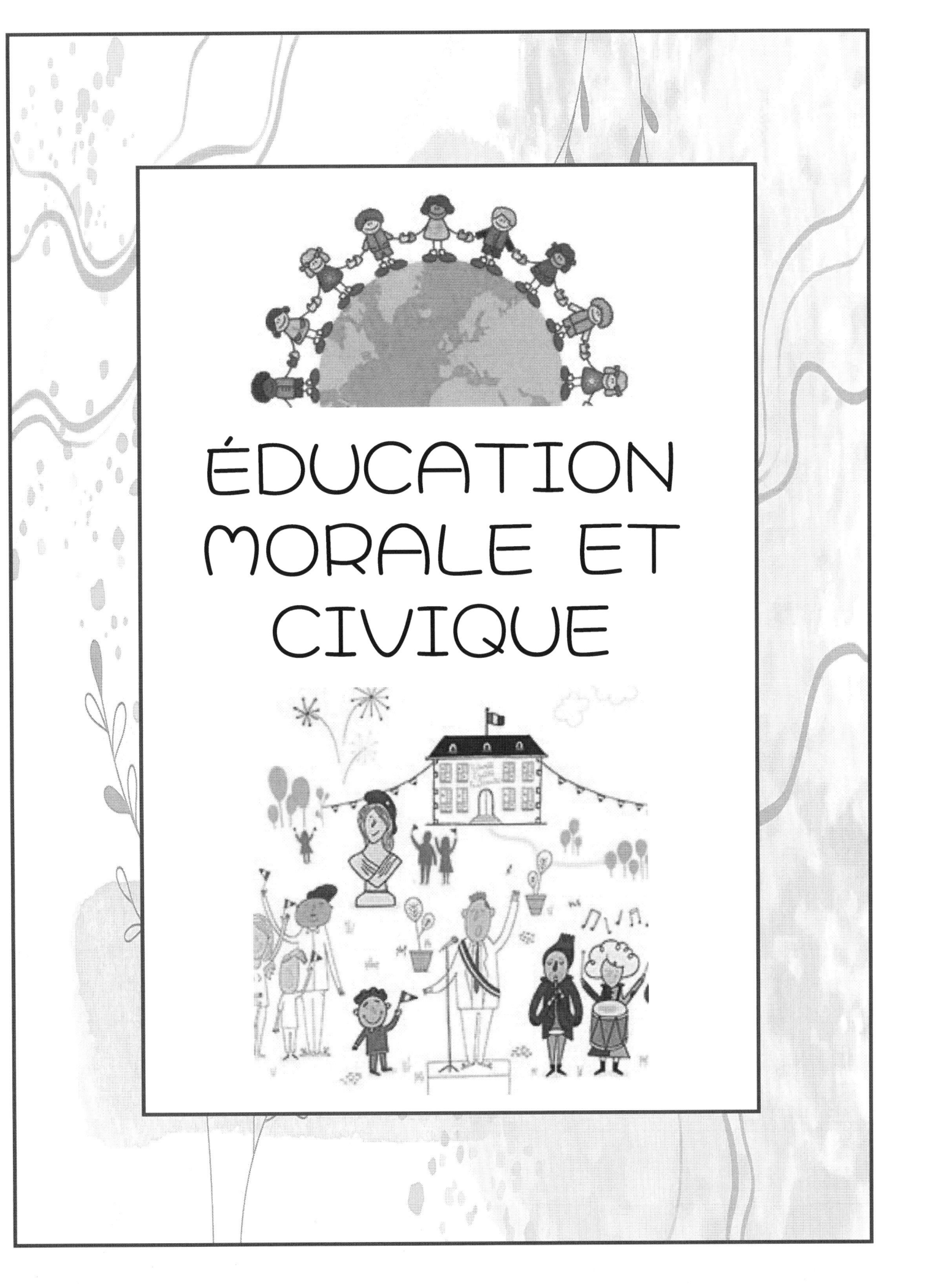

EMC 1 — Les règles de vie
La vie à l'école

Les règles de vie sont un ensemble de règles à respecter pour que tout se passe bien à l'école et dans la classe avec les camarades et les enseignants. Si les enfants ne respectent pas ces règles, les enseignants peuvent les sanctionner. En effet, cela peut provoquer un trouble dans l'école ou la classe, mettre les autres en danger... Les règles de vie peuvent se classer en trois catégories : les devoirs des élèves, les droits des élèves et les interdictions.

A quoi servent les règles de vie ? _____

Pourquoi doit-on respecter des règles de vie ? _____

1 Droits, devoirs et interdictions dans la classe.

A. Nos devoirs : je dois....

1) respecter les autres : ne pas faire de mal, ne pas insulter, ne pas déranger quand on travaille, ne pas couper la parole.
2) me comporter convenablement : être poli, lever le doigt, faire le travail demandé, travailler en silence, ne pas venir au bureau s'il y a déjà 4 personnes.
3) respecter le matériel : rendre les affaires prêtées, ne pas les abimer, prendre soin des manuels, ne pas écrire sur la table ou la chaise.
4) être propre et ordonné : ne pas jeter les feuilles par terre, ranger ma table et mon cartable.

Être poli et respectueux

Ne pas bavarder

B. Nos droits : j'ai le droit ...

1) de chuchoter pour communiquer avec mes camarades
2) d'aider mes camarades,
3) de me lever en silence pour une raison valable,
4) d'emprunter du matériel
5) de signaler un problème, c'est à dire de prévenir un adulte de certains dangers. (Signaler, ce n'est pas rapporter !)

Quels autres droits as-tu dans ta classe ? _____

C. Interdictions : je ne dois pas...

1) copier sur les autres,
2) bavarder sans arrêt, ni crier,
3) me balancer sur la chaise,
4) manger en classe,
5) rapporter,
6) rester sans rien faire

Quels autres interdictions as-tu dans ta classe ? _____

EMC 1 — Les règles de vie

La vie à l'école

2. La gestion du comportement des élèves

Dans chaque classe, l'enseignant possède sa propre organisation pour gérer le comportement de ses élèves et faire respecter les règles de vie. Par exemple, il peut mettre des croix, utiliser des fleurs, lions ou tableaux du comportement. Il peut écrire les prénoms des élèves qui dérangent au tableau.. Il peut aussi écrire un mot aux parents dans le cahier de liaison, l'agenda ou envoyer un message par internet (mail ou via les ENT). Il peut aussi valoriser des bons comportements par des récompenses. D'autres parfois ne font rien de spécial.

D'après toi... Quelles sont pour toi les règles de la classe les plus importantes à respecter ?

Quel système de gestion du comportement y a-t-il dans ta classe ?
_____

Que peut-il se passer si un élève ne respecte pas les règles de vie ?
_____

Que peut-il se passer si un élève ne respecte pas les règles de vie ?
_____

3. Le règlement intérieur de l'école

Le règlement intérieur fixe les règles et les principes de vie dans l'école. Il est présenté et validé en conseil d'école et tous les parents doivent en avoir connaissance.

* Il détermine notamment les conditions dans lesquelles sont mis en œuvre :
- le respect de l'obligation d'assiduité
- le respect des principes du vivre-ensemble, de laïcité
- les garanties de protection de l'enfant et de sa dignité, l'interdiction des châtiments corporels et traitements humiliants

* Il fixe, par ailleurs, les mesures d'organisation de l'établissement :
- les heures d'entrée et de sortie des élèves
- les modalités de communication avec les parents
- les règles d'hygiène et de sécurité
- les mesures de prévention contre le harcèlement
- l'usage ou l'interdiction de certains objets personnels (objets dangereux, objets fragiles ou onéreux, écharpes, etc.)

1) Comment s'appelle le document dans lequel figurent les règles de vie de l'école ?
_____

2) Dans ton école,
- quels sont les horaires d'entrée et sortie des élèves ? _____
- quels sont les moyens de communication avec les parents ? _____
_____

EMC 1 — Les règles de vie
La vie à l'école

LEÇON

Pour pouvoir travailler dans de bonnes _____ , il est indispensable d'établir des _____ ___ _____ que ce soit pour l'_____ ou pour la _____ . Les élèves doivent les _____ sous peine de _____ . On peut classer les règles de vie en trois catégories : les _____ , les _____ et les _____ .

Pour gérer le comportement des élèves et le _____ des règles de vie, chaque enseignant utilise sa propre organisation. Il peut aussi _____ un bon _____ .

Le _____ intérieur fixe les règles et principes de vie de l'école. On y trouve les _____ de l'école, les modalités de _____ avec les familles, les règles d'_____ et ce _____ , les mesures de prévention contre le _____ , l'usage ou l'interdiction de certains _____ _____ .

Lever le doigt — **Chuchoter**

Lexique

Le respect : Attitude qui montre la considération que l'on a pour quelqu'un ou quelque chose.

Un règlement : un ensemble organisé de règles

Élaborer : Préparer en prenant le temps de réfléchir.

Sanction : Punition correspondant à une règle non respectée.

LES RÈGLES DE VIE DE LA CLASSE

1. _____
2. _____
3. _____
4. _____
5. _____
6. _____
7. _____
8. _____

EMC 2 — Les symboles de la République

La citoyenneté

1 Le drapeau tricolore et la fête nationale

La fête nationale a lieu le 14 juillet : ce jour-là, la France commémore l'union du pays autour des valeurs de la révolution (la liberté, l'égalité entre tous...). La journée est marquée par un défilé de l'armée sur les Champs-Elysées et des feux d'artifice dans tout le pays.

Le drapeau de la France est bleu blanc rouge, avec des bandes verticales. Il date de la Révolution français. Il flotte sur tous les bâtiments publics (les ministères, les mairies, de nombreuses écoles...) Il est utilisé dans les grandes cérémonies.

1 Image 1 : quelles sont les couleurs du drapeau français ?
_____

Image 2 : Où et quand a lieu ce défilé ?
_____

2 Que fête-t-on ce jour-là ?
_____
_____

3 Quel autre drapeau voit-on sur de nombreux monuments de France ?
_____

2 La devise de la France

La devise de la France est : Liberté, Egalité, Fraternité. Elle date de la Révolution française. Elle est à la fois l'objectif et le principe fondamental de la République française. Cette devise est inscrite sur les bâtiments publics : mairies, palais de justice, écoles...

Liberté • Égalité • Fraternité
RÉPUBLIQUE FRANÇAISE

4 Quels sont les trois mots de la devise de la France ?
_____

5 De quand date cette devise ?
_____

EMC 2 — Les symboles de la République

La citoyenneté

3. L'hymne national

La Marseillaise est l'hymne national de la France depuis 1879.
C'est un chant de guerre composé pendant la révolution française, par Rouget de Lisle en 1792. Elle s'appelait alors « le chant de guerre pour l'armée du Rhin ».

On la chante lors de cérémonies officielles, notamment le 14 juillet, mais aussi à l'occasion de rencontres sportives auxquelles la France participe.

Premier couplet

Allons ! Enfants de la Patrie !
Le jour de gloire est arrivé !
Contre nous de la tyrannie,
L'étendard sanglant est levé ! *(bis)*
Entendez-vous dans les campagnes
Mugir ces féroces soldats ?
Ils viennent jusque dans vos bras
Egorger vos fils, vos compagnes

Refrain

Aux armes, citoyens !
Formez vos bataillons !
Marchons, marchons !
Qu'un sang impur...
Abreuve nos sillons !

7 Comment s'appelle notre hymne national ?

_____

8 Qui l'a composé et quand ?

_____

4. Marianne et le coq

La République française est représentée sous les traits d'une femme portant le bonnet phrygien symbole de la liberté sous la Révolution : on l'appelle la Marianne. On trouve son buste dans les mairies et elle figure sur les timbres-poste.

Un autre symbole de la France est le coq : il était déjà le symbole des Gaulois, les premiers habitants de notre pays, il y 2 000 ans.

On le trouve sur certains documents officiels, sur la grille de l'Elysée (la demeure du président de la République) mais aussi comme emblème sportif de la France.

9 Vrai ou faux ?

Marianne représente la liberté.	
On la voit sur les timbres.	
Le coq était le symbole des Romains.	
Le coq est l'emblème des sportifs.	
Le coq est présent sur toutes les portes de L'Elysée	

EMC 2 — Les symboles de la République

La citoyenneté

LEÇON

La France a plusieurs _____ :

1) Le _____ tricolore de couleur bleu, blanc, rouge flotte sur tous les bâtiments publics.

2) La _____ _____ : elle a lieu le 14 juillet et ce jour-là on commémore les valeurs de la République gagnées lors de la Révolution française.

3) La _____ de la France : Elle s'articule autour de trois mots : liberté, égalité, fraternité.

4) L'_____ _____ : Il s'appelle La Marseille. C'est un chant militaire qui a été composé par Rouget de Lisle en 1792.

5) _____ : La République française est représentée sous les traits d'une femme portant le bonnet de la Révolution.

6) Le _____ : Il était déjà le symbole des Gaulois et sert d'emblème sportif.

Lexique

Une devise : Ce sont des mots qui expriment un idéal, une règle de vie.

Un emblème : une personne, un animal, une plante, ou un objet qui représente une personne, un groupe de personnes ou un pays.

Un hymne : C'est un chant ou un poème à la gloire d'une idée, d'une personne ou d'un pays.

EMC 3 — Le 11 novembre

Les jours fériés

1. Pourquoi ne travaille-t-on pas le 11 novembre ?

En **1914**, a commencé une grande guerre qui a opposé deux groupes de pays :
- l'Allemagne et l'Autriche-Hongrie d'un côté,
- la France, la Russie et le Royaume-Uni de l'autre.

On a appelé cette guerre la **1ère guerre mondiale**. Les soldats étaient appelés « les Poilus ».

On l'a aussi appelée la guerre des tranchées. Les tranchées étaient de profonds fossés creusés dans la terre pour se protéger de l'ennemi.

À LA ONZIÈME HEURE DU ONZIÈME JOUR DU ONZIÈME MOIS DE L'ANNÉE 1918,
le 11 novembre 1918, après plus de quatre années de combats et des millions de morts, l'Allemagne se rend. C'est **l'armistice** (la fin des combats) signée entre la France et l'Allemagne.

Depuis, le **11 novembre** est un jour férié (C'est à dire qu'on ne travaille pas ce jour-là !) C'est une fête nationale. Il y a des cérémonies officielles, des **commémorations**, pour se rappeler et fêter la fin de la guerre et la paix. Elles se déroulent autour du **monument aux morts** de nos villes et villages.

Et toi...
As-tu déjà assisté à la commémoration du 11 novembre dans ta ville ? Si oui, quelles personnalités y avait-il et que faisaient-ils ?

Monument aux morts, ville de Nice

1 Questions

a) Combien de temps a duré la 1ère guerre mondiale ? Donne les dates :
_____

b) Que s'est-il passé le 11 novembre 1918 ?
_____

c) Comment s'appelle la fin des combats ?
_____

2 Vrai ou faux ?

La 1ère guerre mondiale opposa, entre autres, les Français et les Allemands.	
Le 11 novembre est un jour férié, c'est-à-dire qu'on travaille ce jour-là.	
Les commémorations se déroulent autour du monument aux morts de nos villes.	

EMC 3 — Le 11 novembre

Les jours fériés

A Paris, on rend hommage au Soldat inconnu mort à Verdun et enterré sous l'Arc de Triomphe.

Depuis la loi du 28 février 2012, le 11 novembre célèbre à la fois l'anniversaire de l'Armistice du 11 novembre 1918 et l'hommage à tous les morts pour la France.

C'est donc la reconnaissance du pays tout entier à l'égard de l'ensemble des morts pour la France tombés pendant et depuis la Grande Guerre.

Arc de Triomphe, Paris

Tombe du soldat inconnu

3 Réponds aux questions

a) A Paris sous quel monument célèbre-t-on le 11 novembre ?

b) Que célèbre-t-on d'autre que l'Armistice, tous les 11 novembre ?

c) Quel bruit annonce la fin de la guerre ?

d) Comment était la joie des gens qu'il croisait ?

e) Pourquoi ?

Une salle de classe en 1900

RÉCIT D'UN ENFANT QUI AVAIT 5 ANS EN 1918

Et c'est ainsi que l'on arriva au 11 novembre 1918.

Mon institutrice, la directrice de l'école, était absente, un terrible incendie ayant, la veille, ravagé l'immeuble où elle habitait. Nous étions rassemblés dans une classe lorsque… Tout à coup, les cloches de l'église se mirent à sonner à toute volée.

La maîtresse remplaçante se leva et nous dit : « Mes enfants, la guerre est finie, vos pères et vos frères vont revenir, réjouissez-vous ! »

Sans trop savoir pourquoi, nous nous sommes tous embrassés, puis la maîtresse nous a renvoyés chez nous. Sur le chemin de ma maison, je croisais des groupes en grande discussion. Autant que je me rappelle, si la joie éclatait sur tous les visages, elle restait discrète.

Il y avait trop de personnes endeuillées… Mais toutes les maisons étaient pavoisées et je trouvais ma mère en train de terminer l'arrangement d'un drapeau tricolore.

EMC 3 — Le 11 novembre
Les jours fériés

2. Les tranchées

4. Réponds aux questions

1) Où se trouvent les soldats ?
   _____

2) Que regardent-ils ? _____

3) Qu'y a-t-il en haut de la butte de terre ?
   _____

4) Comment étaient appelés les soldats ?
   _____

5) Pourquoi étaient-ils appelés comme ça ?
   _____
   _____

6) Cite le nom d'une célèbre bataille qui s'est déroulée dans les tranchées.
   _____

5. Complète le dessin avec les mots suivants :
bottes, fusil, casque, uniforme bleu-gris

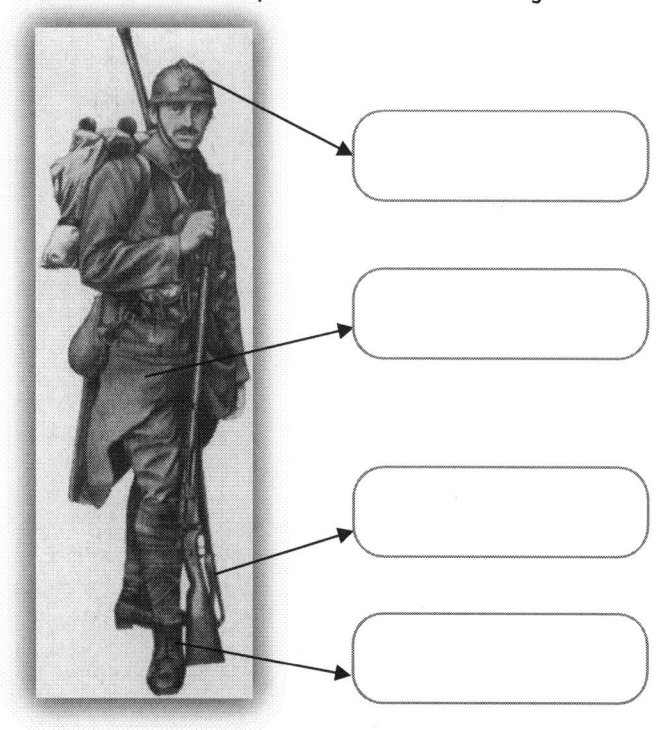

Des poilus dans les tranchées lors de la bataille de Verdun

EMC 3 — Le 11 novembre
Les jours fériés

2 Le barda du soldat

Le paquetage du soldat qu'ils appelaient **"barda"** pesait à peu près 30 kg.
Ils l'avaient toujours sur le dos, aussi bien dans leurs déplacements pour aller d'une ligne à une autre, que pour monter à l'assaut.

6 Relie chaque élément du barda à la photo correspondante

- une brosse à habit
- du matériel de toilette
- un savon
- des produits de lessive
- des couverts
- un révolver lance-fusée
- une gamelle
- un rasoir
- un bidon de 2 litres
- une brosse à dent
- un fusil
- un masque à gaz
- un ouvre-boite
- des munitions

- Se nourrir dans les tranchées 
- La propreté du soldat 
- Les armes

EMC 3 — Le 11 novembre
Les jours fériés

LEÇON

En _____ , a commencé une grande guerre qui a opposé deux groupes de pays :
- _____ et l'Autriche-Hongrie d'un côté,
- _____ , la Russie et le Royaume-Uni de l'autre.

On a appelé cette guerre la _____ _____ _____ . Les soldats étaient appelés « les _____ ».

On l'a aussi appelée la guerre des _____ . Les tranchées étaient de profonds _____ creusés dans la _____ pour se protéger de l'ennemi.

le 11 novembre 1918, après plus de _____ années de combats et des millions de morts, _____ se rend. C'est _____ (la fin des combats) signée entre la France et l'Allemagne.

A Paris, on rend hommage au Soldat _____ mort à Verdun et enterré sous l'Arc de _____ .

Depuis la loi du 28 février _____ , le 11 novembre célèbre à la fois l'anniversaire de _____ du 11 novembre 1918 et _____ à tous les morts pour la France. Depuis, le 11 novembre est un jour _____ (C'est à dire qu'on ne travaille pas ce jour-là !) C'est une fête _____ . Il y a des cérémonies officielles, des _____ , pour se rappeler et fêter la fin de la guerre et la paix. Elles se déroulent autour du _____ _____ _____ de nos villes et villages.

EMC 4 — La tolérance

Être responsable

1. Une façon de penser

La tolérance consiste à accepter l'autre avec ses différences, admettre qu'il peut penser ou agir différemment de nous tout en restant notre égal. A l'inverse, l'intolérance consiste à rejeter les autres, à les mépriser ou à les détester pour leurs différences : leur couleur de peau, leur façon de s'habiller, leur manière de vivre, les idées.
Généralement, l'intolérance est due à l'incompréhension ou à l'ignorance. Par exemple, autrefois, on excluait les roux car on croyait qu'il étaient des démons. L'intolérance vient aussi d'un sentiment de supériorité : on pense que notre manière de vivre, nos idées sont meilleures que celles des autres.

la Tolérance, ça fait des amis !

Et toi...
T'arrive-t-il de trouver ridicules les choix des autres ? Comment réagis-tu ?

1. Qu'est-ce que la tolérance ? _____

2. Que fait-on quand on est intolérant ? _____

3. De quoi peut venir l'intolérance ? (donne trois mots)

2. Une façon d'agir

la Tolérance, ça fait gagner la paix

L'intolérance se manifeste par le mépris, la moquerie, le fait d'exclure, parfois aussi par les insultes, voire par la violence. La tolérance, au contraire, se manifeste par le respect de l'autre, la curiosité, l'envie de connaître et de comprendre, le dialogue, ce qui permet de découvrir l'autre, ses idées, ses expériences et de vivre en bonne harmonie. Car la tolérance considère que la diversité est une richesse.
La tolérance garantit notre liberté : elle permet à chacun d'avoir ses propres opinions, sa propre manière de vivre.
Sans la tolérance, tout le monde devrait penser et vivre de la même façon.

4. Pourquoi l'intolérance nuit à notre liberté ?

5. As-tu déjà subi une moquerie ou as-tu déjà vu quelqu'un en subir une ? Si oui, sur quoi ? (réponse à l'oral)

EMC 4 — La tolérance

Être responsable

ROMAN. Tous ceux qui subissent des moqueries dans cette école sont les bienvenus dans le club des « et alors ? » Chloé la fille de CM2 qui était venue me consoler la dernière fois, s'approche la première.

- Moi j'aimerais bien faire partie du club.
- Super ! Prends un badge.

Chloé écrit sur le badge : « Je suis grosse. Et alors ? » et elle l'accroche sur son T-shirt. Un garçon veut s'inscrire aussi. Il me dit :

- Je m'appelle Martin, et on me traite de nain de jardin..

Je lui tends un badge, il écrit : « Je suis petit, et alors ? »

Tout à coup, c'est la folie ! Plein d'enfants veulent leur badge. Une fille note : « J'ai les oreilles décollées, et alors ? » Un garçon écrit : « j'ai le nez tordu et alors ? ». Une autre : « j'ai des grosses lunettes, et alors ? » Ouaah ! Mon club a un succès fou !

Mais Chloé précise : « Les membres du club « et alors ? » ne doivent pas faire comme les autres moqueurs, sinon, ils ne sont plus dignes d'être les nôtres. Notre message est clair : chacun est comme il est, et voilà. »

C'est la vie Lulu ! On se moque de moi, F. Dutruc, M. Morel, Bayard Poche 2004

6 Lis ce texte et réponds aux questions.

1) Qui sont les membres de ce club ? _____

2) En quoi ont-ils été victime de d'intolérance ? _____

3) Quel est leur devoir de tolérance ? _____
_____

3 Les limites de la tolérance

La tolérance ne signifie pas tout accepter : certains actes sont intolérables, car ils portent atteinte à la dignité des personnes. Par exemple, l'esclavage et la torture, le racisme (rejeter une personne à cause de son apparence physique ou de son origine) et l'antisémitisme (rejeter les juifs) sont des actes intolérables : ils nient la part d'humanité qui est dans chaque personne.
Dans la vie quotidienne, les paroles ou les gestes qui servent à rejeter quelqu'un parce qu'il est différent de nous du fait de son apparence, de la couleur de sa peau, de sa religion, de son mode de vie ou de ses idées sont inacceptables. Chacun doit se mobiliser pour éviter ces attitudes et expliquer aux autres qu'elles sont intolérables.

7 Vrai ou faux ?

- La tolérance signifie qu'on doit tout accepter. _____

- L'esclavage et la tortue sont des actes tolérables. _____

- L'antisémitisme c'est le fait de rejeter les juifs. _____

- Le racisme est une bonne attitude. _____

- Tout le monde peut faire quelque chose pour lutter contre ces attitudes. _____

EMC 4 — La tolérance
Être responsable

LEÇON

La tolérance consiste à _____ l'autre avec ses _____, admettre qu'il peut penser ou agir différemment de nous tout en restant notre égal. A l'inverse, l'intolérance consiste à _____ les autres, à les _____ ou à les _____ pour leurs différences : leur couleur de peau, leur façon de s'habiller, leur manière de vivre, les idées.

La tolérance considère que la diversité est une _____ . La tolérance garantit notre _____ : elle permet à chacun d'avoir ses propres opinions, sa propre manière de vivre. Sans la tolérance, tout le monde devrait _____ et _____ de la même façon.

La tolérance ne signifie pas tout _____ : certains actes sont intolérables, car ils portent atteinte à la dignité des personnes. Par exemple, _____ et la _____ , le _____ et l'_____ sont des actes intolérables : ils nient la part d'humanité qui est dans chaque personne.

Chacun doit se _____ pour éviter ces attitudes et _____ aux autres qu'elles sont intolérables.

Lexique

L'esclavage : Le fait que des êtres humains soient privés de toute liberté et appartiennent à un maître auquel ils doivent tout obéissance.

Le racisme : L'attitude qui consiste à rejeter une personne du fait de son apparence physique ou de son origine.

L'antisémitisme : L'attitude qui consiste à rejeter les juifs.

Cher frère blanc,
Quand je suis né, j'étais noir.
Quand j'ai grandi, j'étais noir.
Quand je suis au soleil, je suis noir.
Quand je suis malade, je suis noir.
Quand je mourrai, je serai noir.
Tandis que toi, homme blanc,
Quand tu es né, tu étais rose,
Quand tu as grandi, tu étais blanc,
Quand tu vas au soleil, tu es rouge,
Quand tu as froid, tu es bleu,
Quand tu as peur, tu es vert,
Quand tu es malade, tu es jaune,
Quand tu mourras, tu seras gris.
Alors, de nous deux, Qui est l'homme de couleur ?

D'après toi...
Est-il possible d'être tolérant en toutes circonstances ?

EMC 5 — La sécurité à l'école

Être responsable

1 La sécurité

A l'école, chacun doit être prudent et veiller à ne pas se blesser ni blesser les autres :
- ne pas se balancer sur sa chaise,
- ne pas monter sur les tables,
- utiliser avec prudence ses ciseaux ou son compas
- Éviter de se coincer les doigts dans les portes,
- Ne pas courir dans les escaliers ni glisser sur les rampes,
- Faire attention au sol mouillé et glissant
- Ne pas escalader les murets ou les toilettes
- Ne jamais se pencher par la fenêtre ouverte,
- Éviter les endroits interdits

Chacun respecte les consignes :
- attendre l'arrivée d'un adulte avant de commencer à utiliser le matériel d'EPS,
- ne pas jouer dans la cour quand il gèle où il pleut et que le sol est glissant,
- faire attention dans la rue pendant les sorties scolaires,
- ne pas apporter d'objets dangereux à l'école.

Les élèves doivent être particulièrement prudents quand ils sortent de l'école :
- Ils le font calmement sans courir ni bousculer
- Ils ne parlent pas à des inconnus
- Ils ne partent qu'avec la personne qui doit la récupérer et jamais avec quelqu'un d'autre, ils doivent rentrer dans l'école si elle n'est pas là.

1 Réponds aux questions

a) Pourquoi ne faut-il pas se balancer sur sa chaise ?
_____
_____

b) Quelles sont les précautions à prendre quand le sol est mouillé dans les toilettes ?
_____
_____

c) Pourquoi ne faut-il pas se retenir quand on a envie d'aller aux toilettes ?
_____
_____

2 Observe le dessin

a) A quel moment de la journée, selon toi, se passe cette scène ?
_____
_____

b) Entoure en rouge les comportements dangereux.

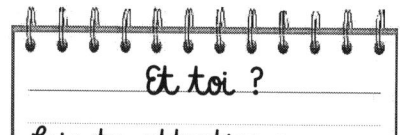

Et toi ?

Fais-tu attention aux toilettes en pensant à ceux qui y viendront après toi ?

EMC 5 — La sécurité à l'école

Être responsable

2. Les jeux dangereux

La plupart des accidents arrivent dans la cour de récréation : parce que l'on a couru trop vite, que l'on a glissé, que l'on a bousculé un camarade, parce que l'on a été touché par une corde à sauter, un ballon ou un bâton, parce que l'on a porté un élève sur le dos ou que l'on a voulu grimper à un endroit interdit.

Mais parfois les élèves lancent des défis : retenir sa respiration ou s'étrangler avec les mains ou un foulard, se faire vomir, rouer de coups un élève... Ces pratiques sont interdites car elles mettent en danger la santé et même la vie de ceux qui les pratiquent.

L'attitude responsable consiste à ne pas relever ces défis stupides, à ne pas participer à ces activités et à venir en aide aux autres.

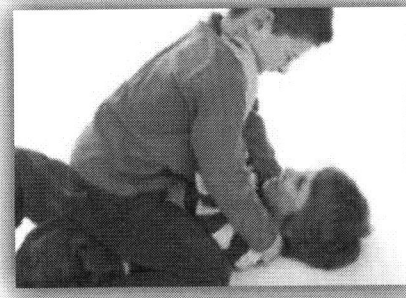

À ton avis... faut-il prévenir un adulte si certains camarades pratiquent un « jeu » dangereux ?

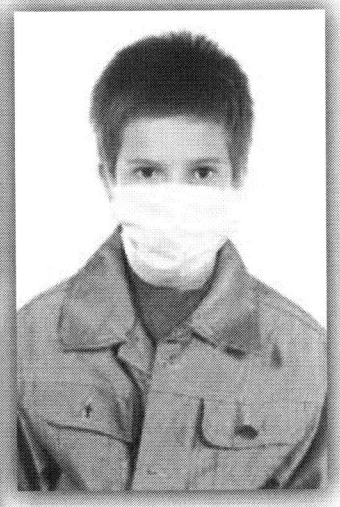

Le véritable courage n'est pas de relever un défi dangereux mais d'aller prévenir un adulte de ce qui se passe même si cela nous fâche avec nos camarades.

Si tu vois tes copines ou tes copains jouer à des jeux d'évanouissement, préviens-les du danger et avertis un adulte.
Tu peux sauver des vies !

LES BESOINS DU CORPS ET DES ORGANES

Le corps a besoin d'oxygène pour vivre et le cerveau a besoin d'oxygène pour fonctionner. Cet oxygène, le corps et le cerveau le trouvent dans l'air par la respiration.
Quand un être humain cesse de respirer, il met sa santé et sa vie en danger. Privé d'oxygène, le cerveau ne donne plus correctement ses ordres au reste du corps.
La personne peut perdre connaissance, entrer dans le coma, voire mourir. Même rapidement réanimée, elle peut rester lourdement handicapée : incapable de se déplacer, de bouger, incapable de réfléchir, de parler. Pour un enfant, cela peut signifier passer sa vie entière dans une chambre d'hôpital.

3. Lis le texte « les besoins du corps et des organes » et réponds aux questions.

a) De quoi le corps et le cerveau ont-ils besoin pour fonctionner ? _____

b) Où se trouve l'oxygène ? _____

c) Que peut-il se passer si une personne arrête de respirer ? _____

EMC 5 — La sécurité à l'école — Être responsable

LULU A PEUR DES JEUX DANGEREUX

Case 1 :
— Salut Tim !
— Ça va ? T'as l'air bizarre...
— C'est que je... Je... viens de jouer à un jeu... Et... Félix...

Case 2 :
— C'est quoi ce jeu ?
— C'est la tomate. Il faut retenir sa respiration et tu deviens tout rouge.
— Ça a l'air marrant.

Case 3 :
— Bof... Félix, il a tellement retenu sa respiration qu'il est tombé.
— Ah bon ?

Case 4 :
— Et après, un copain lui a donné des claques pour le réveiller. Moi, j'avais peur qu'il ne se réveille pas...
— Mais... c'est super dangereux, ça !

Case 5 :
— Là, il a l'air réveillé, Félix.
— Oui. Mais il y a deux minutes, il ne savait plus où il était, il voyait tout noir...
— Il faut peut-être le dire à la maîtresse ?

Case 6 :
— Tu as bien fait de me prévenir, Lulu !

EMC 5 — La sécurité à l'école

Être responsable

LEÇON

LA SÉCURITÉ

A l'école, chacun doit être _____ et veiller à ne pas se _____ ni blesser les autres pour le bien-être de tous.

On doit respecter les _____ données par les adultes (enseignants ou animateurs périscolaires).

Les élèves doivent être particulièrement prudents quand ils _____ de l'école. Il faut faire attention aux _____ , ne pas partir avec _____ _____ et ne pas bousculer.

LES JEUX DANGEREUX

Les élèves peuvent se blesser en jouant, en tombant… sans le faire exprès.

Mais certains jouent à se couper la _____ , à _____ avec un foulard ou avec les mains. Ces jeux sont très _____ car ils entraînent un manque d'_____ , ce qui peut entraîner une perte de connaissance, le coma ou la mort.

Si un enfant voit d'autres enfants faire ces activités, il faut les prévenir du danger et alerter un _____ , même si par la suite il risque de se _____ avec ses camarades.

Connais-tu les règles de la sécurité à l'école ?

EMC 6 — La politesse
Vivre ensemble

1. Des règles nécessaires

Toutes les sociétés humaines adoptent des règles de politesse : cela permet de mieux vivre ensemble. Ces règles sont différentes selon les lieux et les époques. Elles varient selon les moments : on parle avec les autres à table mais on se tait au cinéma.

Les règles évoluent. Par exemple, l'utilisation des portables a fait naître de nouvelles règles : on éteint son téléphone pendant les spectacles pour ne pas déranger les autres. La politesse sert à rendre la vie quotidienne plus agréable : personne n'aime se faire bousculer ou doubler dans une file d'attente.

Être poli c'est gratuit — Excusez-moi, Bonjour, Au revoir, Merci, S'il-vous-plaît

1 Réponds aux questions

1) À quoi sert la politesse ? (2 réponses) _____

2) En fonction de quoi les règles de politesse sont-elles différentes ? _____

3) Donne 2 exemples d'impolitesse de la vie quotidienne. _____

2. La politesse tous les jours

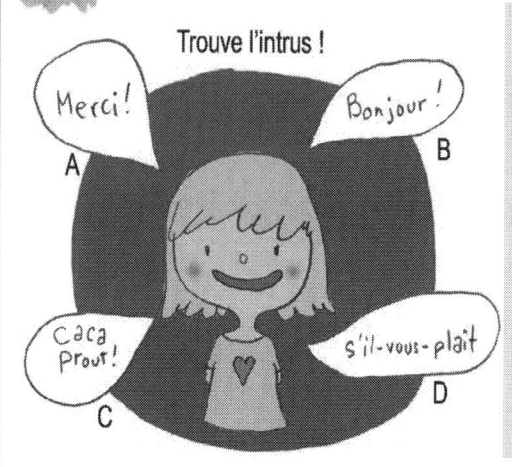

Trouve l'intrus !
A. Merci !
B. Bonjour !
C. Caca Prout !
D. S'il-vous-plaît

* Pour exprimer la politesse, on utilise certains mots ou expressions : bonjour, au revoir, s'il vous plaît, merci, pardon…
* Nos attitudes aussi témoignent de notre respect envers les autres : on ne coupe pas la parole, on parle doucement, on tient la porte aux personnes qui suivent, on évite les grossièretés et certains bruits (rots, pets), on laisse la place assise à une personne âgée, on vouvoie certaines personnes…
* Les règles d'hygiène font aussi partie de la politesse : on ne met pas son doigt dans son nez, on met sa main devant sa bouche quand on tousse, on ne mange pas avec les doigts…

2 Que dois-tu faire dans chacune de ces situations pour te montrer poli(e) ?

1) Je suis assis(e) dans le bus et une vieille dame monte. _____

2) Je suis malade, je n'arrête pas de tousser. _____

EMC 6 — La politesse — Vivre ensemble

3) Le matin, je traverse la cour, je croise le directeur, puis j'entre dans la classe où il y a déjà la maîtresse. _____

4) La maîtresse pose une question et je veux absolument répondre _____

5) En courant, je bouscule quelqu'un sans faire exprès. _____

3 Lis cette BD et réponds aux questions

1) Pourquoi le Capitaine Haddock est-il énervé ?
_____

2) Pourquoi ce geste l'a-t-il mis en colère ?
_____

3) Que lui explique Tintin ?
_____

3 Le tutoiement et le vouvoiement

Le problème ne se pose pas dans les pays anglophones où l'on n'utilise que le « you ». En France, il existe une formule de politesse qui fait qu'on utilise soit le « tu » ou le « vous » pour la deuxième personne au singulier. Il faut savoir laquelle choisir en fonction de la personne qui se trouve en face.
- Selon l'âge : il est poli de vouvoyer une personne qui est plus âgée
- On vouvoie les personnes qu'on rencontre pour la première fois.
- On peut se tutoyer, si l'on se connaît depuis longtemps ou si l'on est proche (la famille par exemple). Les adolescents et les enfants se tutoient entre eux. Les membres d'une famille aussi.

Généralement, on tutoie les enseignants à l'école primaire, ce qui n'était pas le cas à l'époque de tes grands-parents. Par contre, à partir du collège, il faut vouvoyer les professeurs.

EMC 6 — La politesse

Vivre ensemble

4 Indique s'il faut tutoyer (t) ou vouvoyer (v)

1) Le boulanger : _____
2) La maîtresse : _____
3) Le président de la République : _____
4) Les animateurs de cantine : _____
5) Ta maman : _____
6) Ton frère ou ta sœur : _____
7) Un monsieur dans la rue : _____

Tu ? Vous ?

La Politesse est à l'esprit, Ce que la grâce est au visage, De la bonté du cœur elle est la douce image Et c'est la bonté, qu'on chérit. Voltaire

5 Colorie

- en rouge les vêtements des élèves qui se montrent impolis
- en vert ceux qui se montrent polis.

6 Et toi ?

Comment peux-tu te montrer poli vis-à-vis des personnes qui font le ménage dans la classe ? _____

Quelle règle de politesse as-tu le plus de mal à respecter ? _____

Quel manque de politesse as-tu le plus de mal à supporter chez les autres ? _____

EMC 6 — La politesse

Vivre ensemble

LEÇON

* Les règles de politesse permettent de mieux _____ ensemble et à rendre la vie quotidienne plus _____ .

Ces règles sont différentes selon,

- les _____ : on parle avec les autres à table mais on se tait au cinéma.

- les _____ : l'utilisation des portables a fait naître de nouvelles règles -> on éteint son téléphone pendant les spectacles pour ne pas _____ les autres.

Pour exprimer la politesse, on utilise certains _____ ou _____ : bonjour, au revoir, s'il vous plaît, merci, pardon...

* Nos _____ aussi témoignent de notre _____ envers les autres : On ne coupe pas la _____ , on tient la _____ aux personnes qui suivent, on évite les _____ et certains _____ (rots, pets), on laisse la _____ _____ à une personne âgée, on _____ certaines personnes...

• Les règles d'_____ font aussi partie de la politesse :
• on ne met pas son _____ dans son nez, on met sa _____ devant sa bouche quand on tousse, on ne _____ pas avec les doigts...

* Vouvoyer ou tutoyer ?

Cela dépend de la _____ qui se trouve en face :

• Selon l'_____ : il est poli de vouvoyer une personne qui est plus âgée
• On _____ les personnes qu'on rencontre pour la _____ fois.
• On peut se _____ , si l'on se connaît depuis _____ ou si l'on est _____ .

Les adolescents et les enfants se _____ entre eux. Les membres d'une _____ aussi.

Généralement, on _____ les enseignants à _____ primaire, ce qui n'était pas le cas à l'époque de tes grands-parents. Par contre, à partir du _____ , il faut _____ les professeurs.

Printed in France by Amazon
Brétigny-sur-Orge, FR